十大大将

★红色将帅

The Ten Great Generals

黄克诚大将

姚有志 ◎ 主编

民主与建设出版社
·北京·

图书在版编目（CIP）数据

红色将帅．十大大将．黄克诚 / 姚有志主编．—北京：民主与建设出版社，2017.1（2024.8 重印）

ISBN 978-7-5139-1271-6

Ⅰ．①红…　Ⅱ．①李…　Ⅲ．①黄克诚（1902-1986）—生平事迹　Ⅳ．①K825.2

中国版本图书馆 CIP 数据核字（2016）第 270915 号

红色将帅．十大大将．黄克诚
HONGSE JIANGSHUAI: SHIDA DAJIANG: HUANG KE CHENG

主　　编	姚有志
选题策划	梁　洁
责任编辑	王　越
特约编辑	胡艳红　肖贵辉
封面设计	罗四夕书籍设计工作室
内文设计	逸品文化
出版发行	民主与建设出版社有限责任公司
电　　话	（010）59417747　59419778
社　　址	北京市海淀区西三环中路10号望海楼E座7层
邮　　编	100142
印　　刷	文永印刷河北有限公司
版　　次	2017 年 6 月第 1 版
印　　次	2024 年 8 月第 2 次印刷
开　　本	710mm × 1000mm　1/16
印　　张	10
字　　数	84 千字
书　　号	ISBN 978-7-5139-1271-6
定　　价	26.80 元

注：如有印、装质量问题，请与出版社联系。

目录

开国大将黄克诚

他从5岁开始，就伴随姐姐在田间劳动。当他听到朱德、陈毅率领南昌起义保存下来的部队攻占宜章后，立即发起永兴暴动。敌人悬赏捉拿黄克诚等“共匪要犯”。他转战数地，吃尽千辛万苦，终于找到了党组织。首次见到红5军军长彭德怀，敌机投下一枚炸弹落在他身边，但这枚炸弹竟没有爆炸。他被错误地撤销师政委职务，军团长彭德怀不信邪，重新起用他。他作为中央红军长征右路先头部队政委，率部英勇奋战，九死一生。他被任命为八路军政治部组织部部长。在陈毅、刘少奇召开的紧急作战会议上，他突然站起来说：我不同意“保卫盐城”的口号，一语惊四座。作为新四军第3师师长的他，直接向党中央提出自己的建议。他的军事才能在进军东北中得到毛泽东的认同和赏识。他最早提出在东北建立根据地的主张，并连续给党中央、毛泽东发电报。毛泽东点将黄克诚主管总后勤部。他直言不讳地提出纠正“大跃进”和“人民公社化”运动中“左”倾错误的建议。他多次提出辞去领导职务的要求。他的最后一个生日……

在苦难和饥寒中度过的童年

1902 年 10 月 1 日，黄克诚出生在湖南省南部偏僻山区永兴县油麻圩的下青村。

永兴，是湖南山区的一个小县，湘江支流耒水流经县境。从永兴向北约摸 200 里，是湘南重镇衡阳；向南

▼ 黄克诚故居

约摸200里，就出了湖南，到了广东境内。要是有人想在地图上查下青村的位置，那一定是白费劲，在任何版本的中国地图上，这里都够不上哪怕是最小的一个圈圈。可是，按照湖南农村的规格，下青村却是个不小的村落，有几百户人家。

下青村都姓黄，黄克诚的父亲黄清业，是个老实巴交的农民。作为一家之主，黄清业整日为全家的生计奔波。全家只有九分稻田，两块石窝土，怎么能糊住五六张嘴呢！无奈，他在农闲时，就要到广东乐昌等地挑盐回永兴来卖，有时还做些贩卖草纸的小生意。妻子邓龙桃是个勤劳俭朴的女子，除了帮助他忙地里的活计外，有时还要起早贪黑地磨点豆腐卖。这一家人，过着勤俭而又清贫的日子。

黄克诚出生时，家里已经有了一个哥哥，一个姐姐。人口一多，本来就不富的日子就更拮据了，吃了上顿愁下顿。人穷孩儿密，这在中国农村司空见惯，不久，黄家又添了一个丁。黄清业看着三个儿子，常常是忧喜参半。喜的是干渣渣的三个大小子，长起来顶门立户，不愁为祖宗增光；忧的是到哪儿去弄钱弄粮食来养活这群孩子呢？黄清业像一头牛，不停地耕耘着，盼望着能用自己的汗水把黄家的这些小苗浇灌得壮壮实实的。

黄克诚的姐姐比他大10岁，但从小患有羊角风病，只要一发作，就倒在地上口吐白沫，手脚抽搐，不省人事。为了能在姐姐发病时及时喊救，黄克诚从5岁开始，就伴随姐姐在田间劳动。

由于家中无钱医治，姐姐的病越来越重，便产生了轻生的念头。一天早上，黄克诚去叫姐姐起床，发现姐姐不在床上，便四处去寻找，结果在房子后面的树上找到了上吊死去的姐姐。黄克诚抱着姐姐僵直而冰冷的腿，拼命地哭喊着：“姐姐，姐姐，你快下来啊！”小克诚撕心裂肺的哭喊声，惊动了大人。大家慌忙围了过来，将姐姐放下来，可是姐姐再也没有醒来。

黄克诚跪在姐姐身旁，摸着姐姐脖子上深深的绳子印痕，哭哑了嗓子，哭干了泪水。他两眼直瞪瞪地看着死去的姐姐，心中产生了一个个疑团，可是幼小的他，怎么也无法解开这些疑团。

苦读书

时光荏苒，日月如梭。幼小的黄克诚，在艰难困苦中度过了 8 个春秋。9 岁那年，他的父亲和叔叔们在一起商量，感到黄家世世代代在贫困的山里头扑腾着，没有一个读书人，处处受人欺负，不如省吃俭用，攒点积蓄供养一个孩子上学。一番议论之后，父辈们议定从祭田里每家抽一担谷子作为学费，送聪明忠厚的黄克诚去上学。

在送黄克诚入私塾的头一天晚上，父亲把黄克诚叫到床前，抚摸着他的头，深情地说："孩子，我和你叔叔们商量送你去上私塾，你要用心去学啊，多长些学问，免得什么事都求人。"黄克诚望着父亲过早衰老的面孔，不停地点着头，决心不辜负父辈们的希望。

功夫不负有心人，黄克诚考入了永兴县县立高等小学。他学习刻苦，每次考试都能名列前茅，可以得到几块钱的奖学金。有时还利用课余时间，找点抄抄写写的差事，一年也能挣得几块钱。这样，既补贴了部分学习费用，同时也有机会接触社会、了解社会，增加了不少社会知识。

黄克诚从小懂事，知道家里的日子不好过，只要放下书本，就总是手脚不闲地帮家里干活。下青村西面几十里有个马田墟，那里出木炭。下青村东面几十里有个黄婆垅，那里有金矿。到了冬天，地里没了什么活，黄克诚就挑上一副担子上马田墟挑木炭，到黄婆垅卖给矿工取暖，赚几个脚钱。几十里加几十里，一筐炭加一筐炭，可不是轻活。但是，为了挣几个钱吃饭，挣几个钱念书，他咬牙也得干。

黄克诚挑着一担炭走回下青村时，月亮已经挂上了树梢，他的肚子也咕咕地吵开了。他得在家里歇一宿，明天再上黄婆垅。

家门口，体态瘦削的母亲正倚在门框上，望眼欲穿。见到儿子回来了，她忙迎上前，用力接下儿子的担子，放在地上，拍打着儿子身上的灰尘，心疼地说："顶着星星出去的，戴着月亮回来，怎么得了。"她又掂了掂担子的分量，嗔怪道："叫你不要挑这么多，总是不听。"

黄克诚笑笑："妈，叫你等急了吧！"

母亲往屋里推他："快进屋吃饭去吧！保险饿得前心贴后背了。"

母子俩说着话，走进屋去。

屋里，一盏昏暗的煤油灯在风里忽闪着火苗，破旧的方桌上，有一盘咸菜，还有一个粗瓷碗，上面还盖了一个盘子。母亲揭开盘子，碗里盛着满满的粥，还冒着热气。

黄克诚看看粥，又看看母亲，疑惑地说："妈，你吃过了？"

母亲连忙说："我当然吃过了，吃过了。你赶了这么多路，也没点干的吃，真是作孽呀！"

黄克诚看着母亲苍白的脸，推开饭碗站起来："妈，我上三叔家去，这碗粥，你喝了吧！"他走出门去。

母亲在后面叫："这么晚了，你三叔还用你烧火？"儿子头也不回："三叔的铺子关门晚，他准没吃饭呢！"

黄克诚的三叔叫黄清正，也在本村住，家里日子好过些，还开了个小铺子，卖个针头线脑、油盐酱醋。黄克诚常常到三叔家，一面帮助三叔烧火，一面借火光看书，然后再吃上一顿饱饭。这也是饿肚子饿出来的窍门。这窍门可帮了大忙，不然的话，又要干活，又要念书，再吃不饱饭，就是铁打的人也支撑不了几天。好在三叔是至亲骨肉，看到侄子如此勤奋好学，又聪明伶俐，他也是从心里喜欢。

二儿子的刻苦感动了父亲，他想，家里再穷再苦，也要让儿子把书念下去。他有自己的想法，严格地讲，这想法也不能算是他自己的了，因为湖南农村许多户都是这样做的，就是不管家境如何，家里总要有个念书人，不然会受欺负的。黄清业决心让老大时玑、老三时琪都停学干活，全家保“重点”，这个重点就是黄克诚。他想让黄克诚多念书，上衡阳，进省城，好好为黄家门上添点风光。有了父亲和全家的支持，黄克诚读书的劲头更足了。

寻求革命道路

1922年夏天，黄克诚从县立高等小学毕业了。这年秋天，他以优异的成绩考上了设在衡阳的湖南省立第三师范。

寒暑相易，冬去春来。第三师范学校爆发了学潮，学生们发起驱逐反动校长的斗争，并派代表到长沙省教育司请愿，请求罢免反动校长。黄克诚目睹了这场斗争，从中受到了感染和熏陶。学潮过后，几位共产党员教师被强行辞退，一些进步学生也被校方开除了。学校又处在沉寂压抑之中。

黄克诚对学业已失去了兴趣，潜心于阅读《向导》《新青年》等进步书刊，渐渐明白了一些新的道理。他发现国家正在受到帝国主义列强的宰割和凌辱，军阀混战，民不聊生，整个中华民族正处在水深火热之中，何况自己一个穷学生呢？他渐渐地懂得了，只有打倒反动

▲ 身着戎装的广州农民运动讲习所毕业生在广东农协门前合影

军阀，推翻黑暗统治，才能有穷苦人的翻身解放，才能有自己的出路。

后来，黄克诚又读了马克思、恩格斯写的《共产党宣言》，开始接受科学社会主义思想，逐步选择了无产阶级的革命道路，他决心去寻找中国共产党。

一个偶然的机会，别人介绍黄克诚认识了一个叫龚际飞的人。龚际飞是湖南湘乡人，1921 年就加入了中国共产党，1923 年被选为全国学生联合会委员。龚际飞到衡阳工作后，便成了黄克诚等一批进步青年的领路人。1925 年 10 月，龚际飞介绍黄克诚加入中国共产党。

年底，黄克诚受湖南共产党组织的派遣，考取了中国共产党和国民党在广州合办的政治讲习班。这个讲习班是为北伐战争培养政治工作干部的，讲习班的负责人主要有程潜、林伯渠、毛泽东、李富春等人。学员在这里，除了学习革命理论外，还要接受军事、政治训练。

由于广东国民政府决定北伐，黄克诚所在的政治讲习班于 1926 年 6 月下旬就提前结业了。一天，黄克诚填好了政治讲习班结业志愿报表，向党组织提出了参加北伐的请求。

当时，湘军第 4 师唐生智部正式宣布参加国民革命军，唐生智接受了广东国民政府委任的第 8 军军长兼北伐军前敌总指挥的职务。为了加强唐生智部队的政治工作，国民革命军总政治部决定把黄埔军校第四期政治科的学生和政治讲习班中适合做部队工作的学员，派到唐生智的第 8 军去。派出之前，先由总政治部组织特别训练班，进行短期训练。

党组织批准了黄克诚参加北伐的申请，并选送他到总政治部的训练班接受部队政治工作的训练。训练结束后，他被分配到北伐军前敌政治部宣传队，不久又被派到唐生智的第 8 军去做政治工作，先后担任政治助理员、政治教官和团政治指导员，跟随部队转战湖南、湖北、河南等地。他积极地开展政治工作，鼓励战士冲锋陷阵，英勇杀敌。这一时期的工作实践，使黄克诚得到了锻炼，提高了指挥艺术和政治工作才能，为后来长期从事人民军队的政治工作积累了丰富的经验。

组织永兴暴动

1927年5月，继蒋介石发动反革命“四一二”政变以后，驻扎在长沙的许克祥率兵袭击了省工会、省农会和农民运动讲习所，大肆捕杀共产党员和国民党左派人士，制造了骇人听闻的“马日事变”。一时间，反动势力甚嚣尘上。紧接着，汪精卫的武汉政府公开背叛革命，形势急剧恶化。黄克诚愤然离开了唐生智的第8军，到汉口找到了中共党组织。不久，上级决定派他回湖南从事秘密革命活动。

黄克诚在长沙与湖南省委接上了组织关系，省委派他回衡阳湘南特委去工作。他来到衡阳后，按照预先规定的接头办法，在一家店铺里与特委联络站接头。不料，联络站的同志见黄克诚穿着一身国民党军队的军装，对他的身份产生了怀疑，不肯与他接头。他几次前去用联络暗语搭话，都无人理睬。接不上组织关系，黄克诚焦急不安，只好先回家乡永兴县再想别的办法。

黄克诚回到家乡，乡亲们纷纷前来问长问短。交谈中，黄克诚得知，大革命失败后，湘南各县的革命力量遭到了严重的摧残，大批共产党员和革命群众被国民党反动派屠杀，党的基层组织也都被破坏了。少数幸免遇害的共产党员和革命积极分子，由于环境所迫，不得不隐蔽起来。

一天下午，黄克诚来到了县城，走在大街上，突然，背后被人猛拍了一下。他警觉地回头一看，不禁叫出声来：“啊，好你个邝振兴！没想到在这儿碰到了你。”

邝振兴是黄克诚在衡阳第三师范的同学，也是一名共产党员，眼下在永兴县县立高级小学当教员。

老同学分别几年，见面时格外亲热。两人在一家茶馆里共叙了离别之情，密商了恢复党组织的事，一直谈到傍晚。

在这以后，黄克诚和邝振兴，很快就联络了李卜成、尹子韶、刘申、何宝成等一批骨干分子。

12 月初，湖南省委派向大复来主持永兴县党的工作，向大复在街上开了个照相馆，以掩护自己的身份。黄克诚带着省委的组织介绍信来到向大复处。从此，永

▲ 晚清时期湖南省城长沙市区全貌

兴县党的组织开始恢复，并一天天地壮大起来。

晚风习习，便江水面波光点点。一会儿，从山那边慢慢升起一轮圆圆的月亮，给大地洒下了一片柔和的银辉。派出去侦察情况的李卜成，踏着月光兴冲冲地跑来找黄克诚说："老同学，有好消息啦！"

黄克诚惊奇地问："什么好消息？"

"朱德、陈毅带领的工农革命军占领宜章城了！"李卜成兴奋地说。

原来，朱德、陈毅率领南昌起义保存下来的部队，在湘南打出了红旗，首先攻占了宜章。

宜章位于湖南南部、广东北部的交界处，地理位置十分重要。朱德、陈毅率领工农革命军攻占了宜章，就像在湘南地区播下了一颗火种，拉开了湘南暴动的序幕。

黄克诚听到这个消息，异常振奋。他激动地对李卜成说："时候到了，我们盼望的这一天终于来到啦！现在马上联络人员，发起暴动，响应朱德的工农革命军。"

黄克诚立即找到了尹子韶、黄平、刘木等人，商定由在大革命时期担任过永兴县农民自卫军负责人的尹子韶负责发动农民暴动。尹子韶当即带领便江西岸已经组织起来的 100 多人，乘夜暗赶到板梁村，缴获了反动民团的三十多支枪。

黄克诚和尹子韶打下了板梁村，打开地主的粮仓，将粮食分给了穷苦百姓。整个板梁地区一片欢腾，附近的许多青壮年积极要求参加农民军。黄克诚的队伍一下子就发展到了上千人，打出了“赤色师”的旗帜，尹子韶任师长，黄克诚为党代表。

与此同时，刘木在油榨圩一带也拉起了近千人的农民暴动武装。

朱德、陈毅率领工农革命军第 1 师主力打下郴县后，在向耒阳挺进的途中，路过永兴县的油榨圩，留下一个排的兵力，协助永兴县农军攻打永兴县城。

永兴县城坐落在便江岸边，江宽水深，四周筑有高大的城墙。这一天，尹子韶、黄克诚、刘木等带领农民暴动武装和朱德留的主力排，集中在东田村和油榨圩附近。一声令下，直逼县城，一举攻占了永兴县城。

率部上井冈

湘南暴动的枪声，震惊了敌人。1928 年 3 月下旬，湖南、广东两省军阀调集了 7 个师的兵力，分南北两路，对湘南地区进行了“会剿”，妄图夹击朱德、陈毅率领的工农革命军和湘南农民暴动武装。一时间，敌人重兵云集，黑云压城，浊浪翻滚。为了保存革命力量，避免在敌众我寡的情况下同敌人决战，朱德、陈毅率领部队撤出湘南，向井冈山地区转移，湘南各县农民武装也相继向井冈山撤退。

4 月初，敌人杀气腾腾地逼到永兴城下。由于尹子韶率领永兴红色警卫团的主力支援邻县的斗争还没有撤回，黄克诚只好率几百人坚守永兴，掩护县委机关撤退。

敌人开始进攻了，密集的子弹凌空呼啸而过。突然，一颗子弹射中了邝振兴，接着刘木、何宝成等也倒

在了血泊之中。一个个战友的牺牲，激起了黄克诚满腔的怒火和仇恨。

黄克诚指挥部队顽强地抗击着敌人的进攻，完成了掩护县委机关撤退的任务后，率领余部乘夜暗冲出了永兴县城南门，向井冈山撤退。部队在酃县县城整编为永兴独立团，黄克诚任团长。他即率部随朱德、陈毅的工农革命军上了井冈山。

4月中旬，朱德、陈毅和毛泽东先后率领部队到达宁冈砻市，两支革命队伍胜利会师了。

两军会师后，合编为中国工农红军第4军，朱德任军长、毛泽东任党代表。永兴独立团被编为第12师第35团，仍由黄克诚任团长。

井冈山地处罗霄山脉中段，地方不大，要解决红军上万人的给养问题十分困难。为了减轻山上的负担，保证红4军主力的供给，红4军前委决定，将耒阳、永兴、郴县、资兴等四个县的农民暴动武装分编成四路游击队，返回原籍开展游击战争。黄克诚被任命为第二路游击司令，永兴县委书记李一鼎任党代表，原2营营长刘承高任副司令。

黄克诚奉命率领部队离开了井冈山返回永兴。眼看部队就要进入永兴县界，党代表李一鼎借口去找湘南特委，带着妻子离开了部队。

一天晚上，夜色朦胧，湘南大地已在夜色的重帷下沉寂了。黄克诚率第二路游击队正在宿营，副司令刘承高利用农军战士思家的情绪，背着黄克诚将部队偷偷地拉走了。当刘承高带领部队正准备渡过便江返回家乡时，与反动民团遭遇。刘承高被打得措手不及，许多同志牺牲了，剩余的人也都各自跑散回家了。

黄克诚与李卜成、黄平、刘申等几名干部只好隐蔽在家乡附近的太平山上，准备收拢失散的人员，待机重整队伍。

湘南地区又笼罩在一片白色恐怖之中，从井冈山返回的农军战士，几乎全部被敌人杀害。敌人还到处张贴布告，悬赏捉拿黄克诚等“共匪要犯”，并不断地派兵搜山。黄克诚在家乡已无法藏身，就地开展斗争也不可能了，于是同几名干部商量决定，留下黄平、刘申两人到边远的深山里去继续隐藏，等待时机，他和李卜成到上海去找党组织。

黄克诚和李卜成怀着无限的惆怅，乘着夜暗，借着稀疏的星光，再次告别了故乡，踏上了充满艰辛、布满荆棘的漫漫征途。

黄克诚与李卜成经衡阳、长沙、武昌辗转至南京。

在南京，黄克诚遇到了老同学曾希圣，双方约定，找到党组织后互通信息。10月底，黄克诚、李卜成2人到达上海。到1929年1月，曾希圣先通过其兄曾中生接上了组织关系，随后找到黄克诚和李卜成，将他们两人的报告转交中共中央。中央很快派人看望他们，还给了每人30块钱的生活费。不久，根据中共中央关于党员自找社会职业、借职业作掩护开展革命活动的指示，黄克诚到驻防唐山的国民党军第53师158旅开展军运工作。

第158旅旅长凌兆尧是北伐时黄克诚所在团的团长，两人关系较好，凌兆尧对黄克诚接待比较热情，给他做了衣服，发了零用钱。但凌兆尧察觉黄克诚在少数军官中进行革命宣传后，便对黄克诚有所戒备，迟迟不给他安排职务和具体工作。六七月间，黄克诚离开凌兆尧旅，奔赴武汉，并通过在武汉工作的李卜成接上了组织关系。随后，通过在国民党陆军第2师任少校训练官的好友刘乙光介绍，到陆军第2师政治训练处训育科当少尉科员，负责图书管理。陆军第2师是蒋介石的嫡系部队，黄克诚在该师开展工作十分困难。同时，武汉仍处于白色恐怖之下，与黄克诚保持联系的李卜成被捕入狱，中共组织遭到破坏。鉴于这种局面，黄克诚遂离开陆军第 2 师到上海，向中央军事部汇报了自己的情况，并请求重回红军参加武装斗争。中央军事部决定安排他去红五军。

初到彭德怀麾下

在上海期间，黄克诚、李卜成通过曾希圣的帮助，重新与党组织取得联系。遵照党的指示，黄克诚要远赴在唐山的凌兆尧部开展工作，而李卜成却要留在上海。

从凌部返回后黄克诚向中央军委要求到前方去，到前方的游击区去参加实实在在的战斗。中央军委同意了黄克诚的请求，决定派他到湘鄂赣地区去工作。

黄克诚清楚地记得，他首次见到彭德怀那一天是1930年5月5日。

5月5日是马克思生日，时任红5军军长的彭德怀这一天向数千官兵进行了演讲。这次演讲有两层意思，前半部分纪念马克思诞辰，后半部分则进行攻打平江前的战斗动员，初到红5军的黄克诚也是主席台下那数千名红军官兵中的一员。

黄克诚不久前从上海到了鄂南游击区后，被编入红

5军第5纵队，任第八大队政治委员，同去的刘玉生（改名刘瑜）任第5纵队第四大队大队长，张焘任第八大队大队长。从此，黄克诚开始在彭德怀的麾下征战疆场。

稍后，第5纵队在湖南平江县长寿街与红5军主力会合。就是这一次的会合，黄克诚第一次见到了彭德怀，不用说更是第一次听彭德怀讲话，彭德怀留给黄克诚的印象十分深刻。个头不高却很结实，一身军装虽有些破旧，但十分整洁，当时才刚刚30出头的彭德怀浑身上下透着英武之气，举手投足十分干脆利索。

彭德怀不仅举手投足干脆利索，指挥打仗更是干净利索。在紧接着的平江战斗中他指挥红5军团三下五除二就把平江县城给解放了。

彭德怀指挥红5军打完平江县城又去攻打修水县城，但这一次有些出师不利。修水县城城墙坚固，城内又有国民党正规部队坚守，不是轻易就能攻下的。担任主攻的第5纵队在夜幕下发起的几次冲锋都被敌人压了下来，纵队领导有些泄气，黄克诚向纵队司令员李灿请缨道：

“司令员，请容许我带领第八大队再攻一次！”

李灿把这个新来的大队政委看了好一会儿，点了点

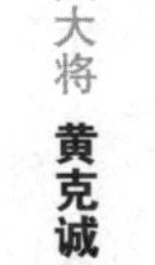

▲ 上海——中国共产党的诞生地

头。黄克诚初来乍到，李灿对他还不了解，虽说最后同意了，但心里并没有把握。黄克诚和大队长张焘商量后对兵力重新做了一番调整，便一声令下，自己手握钢枪背插大刀带头往前冲。黄克诚边冲边开枪，冲到城墙下又攀着云梯“嚓、嚓、嚓”地往上爬。八大队的将士看见大队政委跑在最前面打冲锋，也都纷纷争先恐后地往前冲。黄克诚眼看着就要爬到城墙上了，枪里没了子弹不说，一个敌人正在上面抬云梯，说时迟那时快，他抽出身后的大刀顺着敌人的肩膀就劈了下去。敌人一声不响地从城墙上栽了下去，敌人鲜红的血溅得黄克诚满身都是，连眼镜片上都溅上了血。

黄克诚就这样第一个飞身跃上了修水县城的城墙，八大队的将士们接二连三地从黄克诚打开的这个缺口突了上去。

修水县城终于打开了，军长彭德怀走上城墙，四处询问第一个冲上城墙的戴眼镜的人是谁？八大队的官兵回答说：

“那是我们新来的大队政委黄克诚！”

“打一仗认识一个人，打修水让我们认识了黄克诚。”彭德怀走到黄克诚面前高兴地大声说，但接着又道，“不过，下次可不能第一个往上冲，你是大队政委，不但要英勇杀敌，更重要的是要指挥大家打胜仗。”

打完修水县城，红5军进行了整编，将原来的五个纵队整编为1、3、5共三个纵队，黄克诚调任第3纵队第2支队政治委员。

攻占修水之后，红五军撤回到阳新、三溪口一带，随即进行了整编。黄克诚调任第3纵队2支队政治委员，支队长是黄云桥。

5月下旬，第2支队随全军攻打阳新县城。阳新国民党守军工事坚固，战斗力强，而红军武器装备差，缺乏攻城器材，虽经一天的奋勇冲杀，终因伤亡太大而撤出战斗。战后，人民群众积极救治伤员，热情慰问部队，并踊跃报名参加红军，部队得到补充。面对此情此

景，黄克诚感慨地说，人民群众是红军的命根子。

6月10日前后，红五军军委在湖北大冶刘仁八镇召开扩大会议，传达全国苏维埃区域代表大会和全国红军代表会议精神。中共中央决定，红五军扩编为红三军团，彭德怀任总指挥和前委书记，滕代远为政治委员。会议传达了中央关于集中全国红军攻打中心城市的冒险计划，中央要求各路红军“饮马长江，会师武汉”。指示一传达，许多人摩拳擦掌，准备进攻武汉。黄克诚听了传达之后，反而深感忧虑。他分析从井冈山回师湘南失败的原因，回顾在白色恐怖下颠沛流离的经历，深切感到：红军力量还弱小，离开巩固的根据地，单凭攻打几座大城市求发展，是不可能持久的。黄克诚向纵队政治委员张纯清反映了自己的想法。张纯清表示不能同意。黄克诚又给彭德怀写信，恳切陈述己见，明确提出，以现有力量去攻打武汉是不可行的。彭德怀分析对比了双方力量，考虑确实没有足够的力量攻打武汉，便率部队南进，相继攻占通山、崇阳、蒲圻、通城、临湘等地，7月3日攻克岳阳，继续南进，乘胜第三次攻占平江。

7月中旬，红三军团前委、湖南省委、湘鄂赣边特委在乎江城举行联席会议，研究下一步行动。会上，一部分人仍极力主张按照中共中央部署，武装夺取武汉；另一部分人则举出暴动夺取长沙再取武汉的主张。双方争论激烈，相持不下。黄克诚对两种意见都不赞成，怎么表态颇感踌躇。他知道，这种时候，坦诚直言，必然遭到多数人反对；但事关大局，又觉得不能缄默敷衍。他以缓和的语调阐述了自己的看法。他说：现在提出夺取武汉的主张是不现实的，因为目前我们根本不具备夺取武汉的条件；长沙不是不可以打，但不是暴动夺取，而只能是采取游击军事行动，设法将长沙守军吸引到野外予以歼灭。若打胜了，相机占领长沙。黄克诚发言后，立即受到一些人的严厉指责，说他的观点是“严重的右倾机会主义”。据此，红三军团前委认为，黄克诚目前的思想状态不宜担任重要领导职务，遂撤销了原来要他担任纵队政治委员的决定，继续留在支队当政治委员。

平江联席会议刚刚结束，国民党第四路军总指挥、湖南省主席何键，集结 7 个团近 2 万人的兵力，向平江的红三军团进逼。7 月 25 日，彭德怀指挥红三军团沿平江通往长沙的大道，向晋坑国民党军发动进攻。战斗打响，抵进交火，双方很快进入胶着状态，拼杀十分激烈。激战中，支队长黄云桥与部队失去了联络，黄克诚

一个人指挥作战。他突然发现身后有一支队伍直逼而来。硝烟弥漫，黄克诚那副近视眼镜片上满是汗水，视线很模糊，看不清敌我，又来不及联络。情况紧急，容不得犹豫，他决定先弄清情况再见机行事。于是迎着对面的部队走去。黄克诚模模糊糊地看见对方许多黑洞洞的枪口向他瞄着。他意识到与国民党军遭遇，稍一迟疑，对面的子弹射了过来。黄克诚一个伏地转身，躲开了国民党军的子弹，向山下滚去。从山顶一直滚到山底，所幸没受重伤。

双方经过激战，红军取得晋坑战斗胜利。当时政治形势发生变化，何键率主力部队同张发奎、李宗仁作战，长江一时空虚。红三军团在周围农军配合下，一路追击前进，至7月27日，攻克长沙。29日，黄克诚、黄云桥率领第二支队出城，进抵易家湾一线担负警戒任务。

何键的部队被赶出长沙后，很快集结，于8月5日以十几个团的兵力从南北两个方向夹攻长沙。8月6日，红三军团撤出长沙，回到平江长寿街休整。在这里，红三军团前委决定将红5、红8两军混编，重组战斗序列，将纵队、支队分别改称师、团。黄克诚由红5军调到红8军第4师3团任政治委员。

8月23日，红三军团南下浏阳，与红一军团会合，成立红一方面军，共3万余人。朱德任方面军总司令，毛泽东任方面军总政治委员、总前委书记，彭德怀任副总司令兼红三军团总指挥，滕代远任副总政治委员兼红三军团政治委员。根据中共中央的指令，红一方面军总前委决定，再次进占长沙。9月2日和10日，红一方面军发起两次总攻，均未奏效，而且伤亡很大。黄克诚和团长谢松亚率第3团参加攻城，激战中谢松亚牺牲。毛泽东和朱德决定停攻长沙，于9月12日撤围，部队转移至萍乡、醴陵一带，发动群众，打土豪，筹粮款，扩大红军。黄克诚率第三团打了个大土豪，从其地窖里挖出6000多块银元和几十两黄金。

转战在中央根据地

1930 年 6 月份，红 5 军与红 8 军合编为红 3 军团。随后，国民党第四路军总指挥兼湖南省政府主席何键，以所部 7 个团的兵力，向集结在平江一线的红 3 军团实施“进剿”。彭德怀指挥红 3 军团隐蔽集结于晋坑一线山区，待机歼敌。

不久，何键又集重兵向长沙发起反攻。由于敌强我弱，彭德怀率红 3 军团主动撤出长沙，转移到平江的长寿街，将全军团整编为两个军 4 个师，黄克诚担任第 4 师第 3 团政委。

8 月份，红 3 军团南下浏阳，在浏阳东北与红 1 军团会合，两个军团合编为红一方面军，朱德任总司令，毛泽东任总政委和总前委书记。

由毛泽东、朱德亲自领导创建的赣南、闽西革命根据地连成了一片，初步形成了当时全国最巩固、范围最大的中央革命根据地。这时，国民党反动派大为震惊，蒋介石急忙结束了同冯玉祥、阎锡山的军阀混战，于1930年底纠集了10万兵力，以江西省政府主席、第9路军总司令鲁涤平为“陆海空军总司令南昌行营”主任，以第18师师长张辉瓒为前敌总指挥，开始对中央根据地和红一方面军进行第一次“围剿”。

毛泽东和朱德针对当时敌强我弱的形势，决定采取“诱敌深入”的方针，将敌人引进根据地内，然后集中优势兵力，予以各个歼灭。

在永丰、吉水、兴国、吉安、宁都五县交界的地方有一个龙冈镇。镇后面是一座大山，前边有一条8米多宽的小河，河对岸是一个坡度不大的小山包。毛泽东和朱德见这里地形有利于部队隐蔽集中，决定在这里打一个大歼灭战。于是，命令部队加紧构筑工事，准备迎敌。同时，派出部队去引诱敌人，边打边退，牵着张辉瓒的鼻子，把他一步一步地牵到了龙冈。

张辉瓒一钻到龙冈，看到这里地形险要，又仗着自己的兵力雄厚，便做起消灭红军的美梦来了。他住在镇内一所深宅大院里，吃喝玩乐，尽情享受。

满坡遍野的红叶覆盖着山峦，丝丝缕缕的云和雾缓缓地向四周蔓延着，原野变得迷离了，山岭清晰的

轮廓也模糊难辨了。红军趁着浓雾，从四面八方包围了龙冈镇。

此刻，张辉瓒正在师部的大厅里摆下酒宴，宴请他手下的一帮亲信，暗红色的八仙桌上摆满了鸡鸭鱼肉。张辉瓒酒意正酣，忽然一个哨兵慌慌张张地跑进来报告:“不好了，红军下山了！”张辉瓒定了定神，抓起一条鸡腿，啃了一口，骂道:“混蛋！几个‘共匪’有什么大惊小怪的！”接着，端起酒杯，一仰脖子灌了下去。

突然，枪声四起，杀声震天，黄克诚率部与兄弟部队一起奋勇拼杀。一场激战，把敌第 18 师全部歼灭了，还活捉了师长张辉瓒。

连续的征战，锻炼提高了黄克诚的带兵艺术和指挥才能。1931 年 1 月，黄克诚调任第 4 师政治部主任，代理师政委；后来又调到第 3 师担任政委兼政治部主任。

不久，蒋介石又委派军政部长何应钦兼任“陆海空军总司令南昌行营”主任，调集了 20 万人马，于 3 月下旬开始了对中央根据地的第二次“围剿”。黄克诚指挥部队驰骋沙场，连续克敌，乘胜向东挺进，最后进至福建建宁，于 6 月初攻克建宁县城。

▲ 1930 年 6 月，湘鄂赣苏区的红 5 军和红 8 军合编为红 3 军团，共 1 万余人。图为朱德（二排左 9）与红 3 军团部分团以上干部于延安合影

在攻打建宁时，黄克诚和师长彭遨率领师指挥所抵近城下，不料被城墙上的守敌发现了，敌人掉转机枪，对准了他们。黄克诚由于视力差，还没察觉，彭遨眼疾手快，就在敌人扫射的同时，猛地拉住黄克诚向后退了两米迅速卧倒。他俩刚倒地，敌人的子弹就打了过来，子弹击起的沙土四溅，落了他们一身。他俩又趁势向旁边一处掩体滚过去，躲过了敌人的扫射。彭遨指着黄克诚的眼镜开玩笑地说："敌人这一梭子弹就是冲你这副

眼镜来的。他们知道戴眼镜的必定是个大官，想拣个便宜，差一点把我也捎带上了。”黄克诚笑了笑说：“要不是你老彭反应得快，我们两人就一块报销了，真是万幸啊。”

国民党反动派对中央革命根据地的第二次“围剿”失败后，紧接着又调集30万人马，由蒋介石亲自担任总司令，坐镇南昌行营指挥，对中央革命根据地进行了第三次大规模的“围剿”。黄克诚率部随红3军团离开硝石，绕道1000多里，经建宁、泰宁、将乐、宁化，转移到宁都、瑞金、于都边界的壬田、平安寨一线，准备选择有利时机歼灭“围剿”之敌。他们利用夜幕掩护通过了敌军的间隙地带，在兴国的莲塘抓住了敌第47师，迅即发起猛攻。正在两军激战之时，红4军投入了战斗，将敌人全部歼灭。接着，又在良村歼灭敌第54师师部及其两个旅，取得了第三次反“围剿”的首战胜利。

黄克诚率部自莲塘向良村追击敌第47师的途中，敌机在空中轮番扫射轰炸。一次，黄克诚眼看敌机投下的一颗炸弹在他头顶落下，便拼命向前奔跑躲避。当他跑出十几米远，还没有来得及卧倒，这颗炸弹恰好落在了他的身边。他心想：这一次是定死无疑了，事情也真凑巧，这颗炸弹竟然没有爆炸，实在是太侥幸了。

在第三次反“围剿”作战中，由于连续苦战奔波，黄克诚脚上的草鞋早已磨烂扔掉了。他只好光着双脚，在荆棘丛生的山地丛林中奔跑，两只脚板磨出了一层厚厚的老茧。一直到了枫边地区，部队稍事休息，黄克诚有空才打了一双草鞋穿上。

黄克诚率领第 3 师在兴国老营盘参加了歼灭敌人第 9 师独立旅的战斗。随后，又参加了高兴圩之役，歼灭敌第 19 路军一部。9 月 15 日，黄克诚的第 3 师进至崇贤与东固间的方石岭，将敌第 52 师全部歼灭。生俘敌师长韩德勤、旅长张忠颐及以下官兵万余人，后来韩德勤化装成伙夫混在俘虏群中，才得以乘隙逃脱。

红一方面军粉碎了国民党军第三次“围剿”后，自

▲ 中央革命根据地第三次反“围剿”最后一仗胜利旧址——方石岭。1931 年 9 月，红一方面军在这里歼敌 52 师全部及 9 师之炮兵团和一个步兵营

兴国向瑞金集中，进行了休整。不久即将部队分散到各地开展群众工作、开辟新的根据地。黄克诚率第3师在于都、会昌、瑞金交界处的西江镇一带活动。黄克诚要求部队以连为单位组成工作队，深入发动群众，打土豪、分田地、建立苏维埃政权，并以西江镇为中心，建立了中共西江县委和西江县苏维埃政府。经过三个多月的积极工作，巩固和扩大了根据地，为粉碎敌人的第四次“围剿”做了充分的准备。

第三次反“围剿”结束后，黄克诚却因反对“肃反”扩大化，保护基层干部而遭到怀疑，并被撤销第3师政治委员的职务，调到军团司令部当秘书。直到1932年1月，“肃反”扩大化的错误得到纠正，他才被派到红三军团第一师任政治委员。

1月10日，根据中共临时中央指示，中革军委颁发攻取赣州的军事训令，由红三军团、红7军和红4军担任主攻，彭德怀为前敌总指挥。

2月4日，赣州战役打响。黄克诚和师长侯中英率领的第一师攻打城西门。师指挥所设在西城外与章水之间。赣州三面环水，城墙坚固，易守难攻。城内有国民党军金汉鼎部第12师第34旅两个团3000多人，加上赣南17个县的地主武装5000多人严密防守；赣州南北

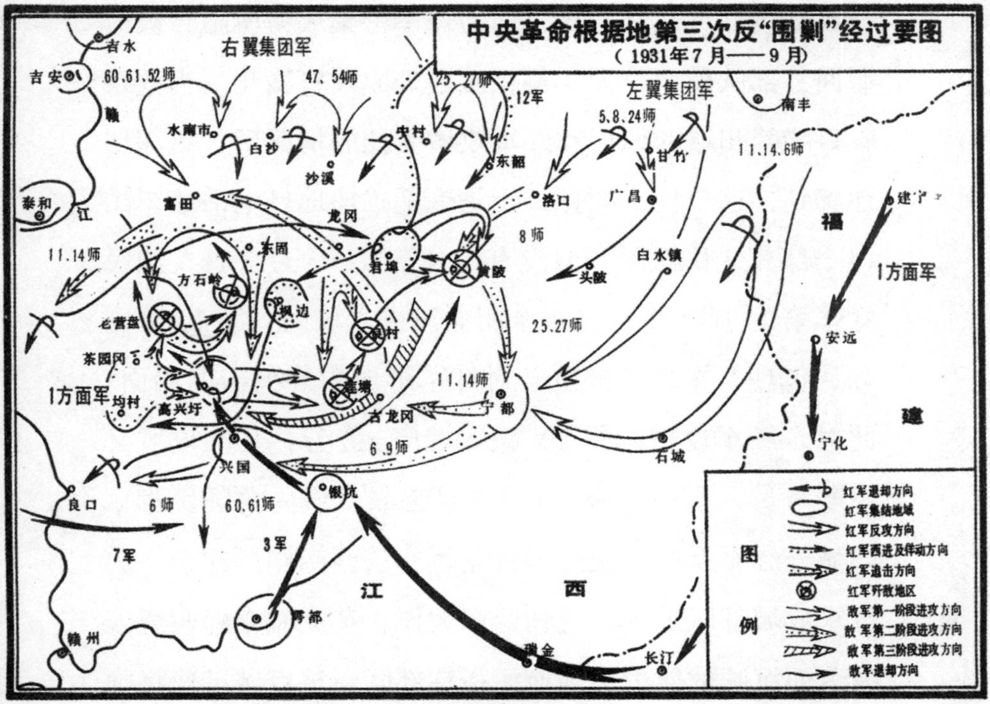

中央革命根据地第三次反“围剿”经过要图

（1931年7月——9月）

1:1100000

附近驻有国民党军7个师10多个团，可随时增援。红军没有重武器，13日、17日两次实施爆破攻城均未成功，部队伤亡较多。23日9时，担任攻击西门的第1师爆破攻城，几经冲锋，均为守军密集火力所阻，被迫撤回，部队伤亡很大。黄克诚不赞成攻打赣州，当他亲眼目睹赣州城的地形和红军攻城受挫的情况后，更深切地感到，这个仗不能打，于是毫不犹豫地打电话给军团司令部，建议撤围，但没有得到答复。3月2日，国民党军第11师1个旅又1个团偷渡进入城内，第14师则分兵包抄红军攻城部队，对红军形成内外夹击的局面。此时，红军攻打赣州20多天，十分疲劳，几次攻城又不断减员，形势严峻。3月7日凌晨，城内的国民党军向城外红军反扑，城外国民党军亦从西南侧后配合，向红军攻城部队进攻。听到枪声大作，黄克诚立即叫醒因疲劳而沉睡的侯中英到前面指挥部队。黄克诚迅速将师指挥所移到一个隐蔽的地方，一面组织部队反击，一面向军团司令部报告情况，建议立即下令撤退突围，情况十分危险。为减少损失，黄克诚断然命令师参谋长、政治部主任带领师直属队，向南门以东的山上抗击突围。随后，黄克诚撤离指挥所，带着通信班向南山移动，并组织部队进行抗击。第1师2团对包抄过来的国民党军展开了殊死战斗，给其以重大杀伤。激战中，中革军委主席朱德率红五军团和警卫营赶到增援，掩护攻城部队突出重围。

赣州战役历时33天，攻城未克，红三军团损失3000多人，第1师是主攻部队，损失900余人，师长侯中英被俘，后遭国民党军杀害。赣州撤围后，黄克诚因反对攻打大城市在军团政工会议上受到批判，因他在撤围中指挥灵活果断，减少了损失，因而没有受处分。3月12日，中革军委下令重编红一、红三、红五军团。红三军团恢复红五军番号，黄克诚被任命为红五军政治部主任。随后，他随红五军到茶陵、莲花、永新一带发动群众和扩充部队。7月2日，他参加了在大余东北池江地区同粤军的作战。8日至10日，南下粤北，增援红一、红五军团发起的南雄水口战役。8月中旬，又参加了著名的乐安、宜黄战役。9月，红五军番号撤销，黄克诚被派到红三军团第3师任政治委员。

10月3日至8日，中共苏区中央局在宁都小源召开会议，对毛泽东抵制攻打中心城市和坚持“诱敌深入”的方针进行批判。会后不久，毛泽东在红军中的职务被免除。黄克诚一直反对攻打中心城市，拥护毛泽东的“诱敌深入”和巩固扩大根据地的方针。宁都会议之

后不久，红三军团政治部在广昌召开干部会议，集中批判黄克诚，指责他“一贯右倾”，“对抗中央路线”。会后，黄克诚被撤销第三师政治委员职务，先调任红3军团政治部宣传部部长，一个星期后又调任教导营政治委员。12月回到军团政治部任组织部长。

1933年1月至3月，黄克诚参加了第4次反“围剿”作战。3月下旬，红三军团政治部主任贺昌因负伤住院，黄克诚代理军团政治部主任。6月上旬，红一方面军进行整编，军缩编为师，师缩编为团，红三军团编第4、第5、第6师。黄克诚被派到第5师任政治部主任。

7月1日，中革军委代主席项英根据中共临时中央的指示下达命令：以红三军团（欠第6师）和第19师组成东方军，人闽作战。2日，东方军在彭德怀、滕代远率领下由广昌向福建进军。先后攻克泉上镇，击溃朋口国民党军，收复连城、清流、归化，开辟了纵横百里的新区。8月以后，又围攻将乐、顺昌、南平，取得重大胜利。黄克诚所在的第五师作为红三军团主力之一，在围攻泉上镇的战斗中，采用城墙下挖坑道爆破的办法炸开城墙，与国民党守军巷战，全歼守军1600余人。他还参加了攻占归化、朋口、连城等战斗。东方军人闽作战后，一直孤军深入，后勤没有保障，粮食供应困难，部队常常一天两顿稀饭。适逢雨季，道路泥泞，瘴气弥漫，加之酷暑行军，病号不断增加。黄克诚患了痢疾，因为没药治疗，师卫生队只好给他反复灌肠，弄得他瘫软无力，但他一直咬紧牙关，拄根棍子坚持跟随部队行动，并对部队进行思想政治工作，鼓舞士气。

9月，蒋介石调集50多万军队，分北、南、西三路，对中央苏区发动第五次“围剿”。29日，中革军委急令东方军回师江西苏区。东方军西返途中在洵口、硝石、浒湾与国民党军激战。

11月中旬，黄克诚被任命为红三军团第四师政治委员。12月中旬，黄克诚和师长张锡龙率第4师参加攻打团村。在追击国民党军时，黄克诚和张锡龙两人跑到前沿阵地察看地形和敌情，被不到千米距离的侧面一座山头上的国民党军发现，遭国民党军队机枪扫射，张锡龙被击中头部，不幸牺牲，由洪超接任第四师师长。

1934年1月，黄克诚、洪超奉红三军团命令，率第4师再次东调福建，会同第5、第6师攻打沙县。25日攻克沙县城。此役毙伤国民党军700多人，俘其1300多人，并缴获大批枪支弹药和物资。2月下旬，第四师又随红三军团从闽北西返，与红一军团会合。3

月，参加了三溪圩反击战、太阳嶂阻击战。4 月 6 日，又奉命从福建建宁地区回师江西，参加广昌保卫战，与兄弟部队一起在广昌以北阻击国民党军进攻。4 月 27 日，国民党军集中优势兵力进攻中央苏区的北大门广昌。在十分不利的形势下，中共中央主要领导人博古和共产国际派来的军事顾问李德等仍企图以阵地防御和短促突击保卫广昌，命令红一、红三军团等部在广昌一线固守。国民党军凭借密集的堡垒和猛烈的炮火，向红军主力轮番出击，并派飞机轰炸。黄克诚和师长洪超指挥第 4 师多次与国民党军展开阵地争夺战，短兵相接，奋力拼杀。直至当晚，才遵照上级指示撤离阵地。

广昌保卫战，红军主力浴血奋战 18 天，歼灭国民党军 2600 余人，而红军伤亡达 5000 余人，其中红三军团伤亡 2700 余人。红三军团奉命从广昌南撤。南撤途中依然是处处设防，搞阵地防御，几乎天天作战，有时一天要打几仗。部队伤亡很大，又得不到休整补充，黄克诚痛切地感到，如此打下去后果不堪设想。他建议彭德怀向中央提议，请毛泽东出来指挥。9 彭德怀也当面骂李德无耻，说李德是个“图上作业的战术家”，“崽卖爷田不心痛。”

8 月，黄克诚、洪超率第 4 师在高虎垴、万年亭和驿前镇等地，多次与国民党军激战，广大指战员英勇抗击国民党军，但伤亡日增，第 4 师 10 团在腊烛形阵地用刺刀和手榴弹杀退国民党军多次进攻，该团第八连仅剩 20 余人，仍坚守阵地。9 月下旬，部队奉命撤回于都。月底，博古到红三军团作了一个报告，动员部队准备突围，转移阵地。黄克诚觉察到中央已打算放弃中央苏区，准备向外线转移。为了让更多的指战员随部队转移出去，他急忙赶到红三军团医院，动员第四师伤病员立即出院，准备随部队转移。经黄克诚恳切说服，一些住院的营、团干部如张震、钟伟等人，强忍伤疼随黄克诚归队。那些没有出院的伤病员，后来大部分被国民党军杀害了。

万里长征

第五次反“围剿”失败。1934年10月，中国工农红军第一方面军和中央机关8万多人实行战略转移，从福建西部和江西瑞金开始长征，踏上了漫漫征途。彭德怀领导的红3军团作为全军的右路先锋，黄克诚率领第4师作为红3军团的先头部队，为后续的大部队开辟通路。

此时，黄克诚望着自己浴血奋战参加创建的根据地的山山水水，凄楚和忧郁不断地袭扰心头。

10月21日，黄克诚和师长指挥部队连续苦战，突破了敌人的第一道封锁线，占领了固坡。令黄克诚痛心不已的是，刚到任的年轻师长就在通过封锁线时牺牲了。

黄克诚掩埋了这位年轻战友的尸体，率领部队又投入了新的战斗。随后，中央军委任命中央纵队参谋长张宗逊担任第 4 师师长。

黄克诚和张宗逊率部西渡赣江，经南康、崇义，进至湖南汝城，又与湘军何键所部接上了火。黄克诚指挥部队奋勇拼杀，于 11 月 8 日突破了敌人的第二道封锁线。接着，又在郴县至宜章中间地段突破了敌人的第三道封锁线，进至临武、蓝山、嘉禾地域。

蒋介石发觉了红军西进的意图后，慌忙调集 40 万大军，沿湘江两岸构筑了第四道封锁线。妄图利用湘江这一道天然防线作障碍，阻歼红军于湘江东岸。此时，红军的处境更加危险：左右有桂、湘之敌夹击，后有蒋介石的中央军主力尾追。军委决定从兴安、全州之间抢渡湘江。黄克诚和张宗逊率部与 1 军团的第 2 师协同作战，强渡湘江，控制了界首渡河点，在光华铺同敌人对峙，为后续部队渡江创造了有利条件。

由于后续部队行动迟缓，没有及时渡过湘江，敌人从四面八方聚集过来，在飞机的支援下向湘江两岸的红军发起了全面的进攻，企图夺回渡河点。

黄克诚率部在湘江岸边靠近山麓构筑阵地，与敌人浴血奋战了两天两夜，击退了敌人的轮番攻击。

12 月 1 日深夜，朱德给全军下达了紧急作战命令，命令“3 军团应集合自己所有的部队以保持界首地区，

主力应在界首西南地区”。同时，要不顾一切牺牲，将“邓永塘至路江圩之道控制在自己手中”。紧接着，中央局、中央军委和总政治部联合下达了新的命令，指令第1、3军团：“1日战斗关系到我野战军全部……我1、3军团首长及其政治部，应连夜派遣政工员，分入到各连队去进行战斗鼓动，要动员全体指战员认识今日作战的意义。”

黄克诚和各级指挥员度过了一个紧张的不眠之夜。他深知自己部队的责任重大，一旦让敌人攻占了界首，正在渡河的中央领导机关的队伍将会被拦腰斩断，后果不堪设想。为了保证党中央的安全，为了红军的生存，他冒着敌人密集的炮火，坚持不断地进行鼓动工作，鼓舞指战员顽强战斗。掩护中共中央和中央军委及直属机关全部渡过了湘江。

第4师经过连续苦战，伤亡很大，处境非常危险，而敌人的攻势越来越猛，不断向红军的阵地扑来。黄克诚考虑到掩护大部队和中央领导机关渡江的任务已经完成，果断地命令部队立即撤退，甩掉了敌人，避免了全军覆没的严重后果。

突破敌人第四道封锁线这一仗，是红军离开中央根据地以来打得最激烈的一仗，也是损失最大的一仗。这

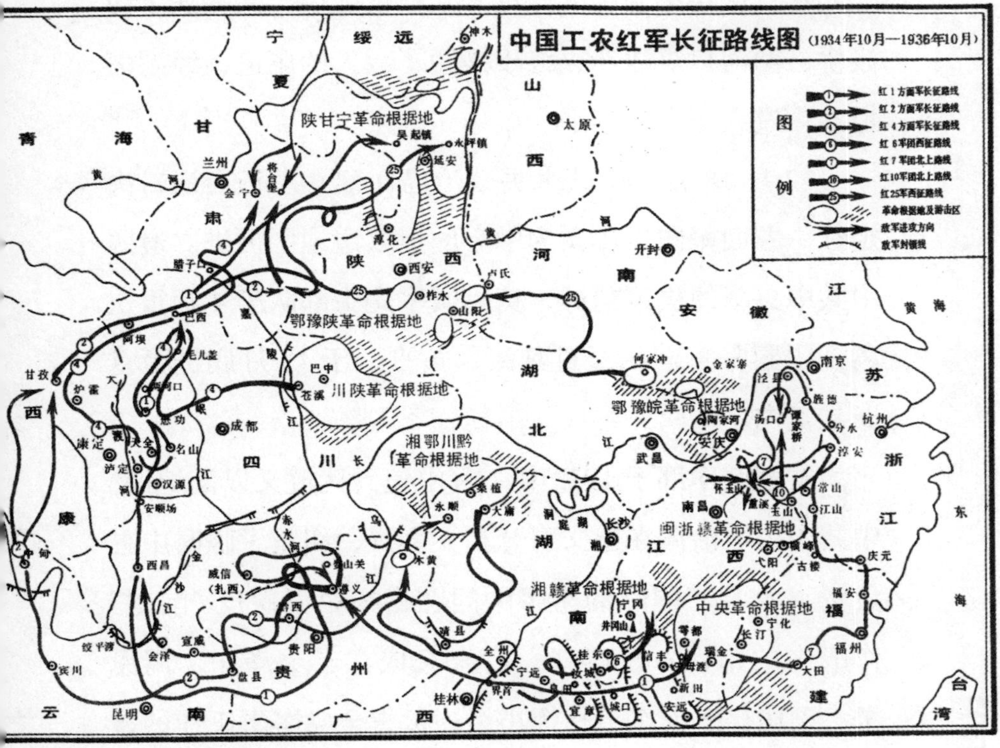
中国工农红军长征路线图（1934年10月—1936年10月）
图例
红1方面军长征路线
红2方面军长征路线
红4方面军长征路线
红6军团西征路线
红7军团北上路线
红10军团北上路线
红25军西征路线
革命根据地及游击区
敌军进攻方向
敌军封锁线
陕甘宁革命根据地
鄂豫陕革命根据地
川陕革命根据地
鄂豫皖革命根据地
湘鄂川黔革命根据地
闽浙赣革命根据地
湘赣革命根据地
中央革命根据地
宁
绥
远
夏
青
海
甘
肃
山
西
陕
西
河
南
安
徽
江
苏
浙
江
湖
北
湖
南
江
西
福
建
四
川
贵
州
云
南
广
西
西
康
台
湾
黄海
东海
神木
太原
吴起镇
永坪镇
延安
兰州
会宁
将台堡
淳化
西安
开封
卢氏
作水
山阳
腊子口
巴西
阿坝
毛儿盖
甘孜
炉霍
两河口
懋功
成都
巴中
苍溪
康定
泸定
大金
名山
汉源
安顺场
中甸
西昌
威信
（扎西）
娄山关
遵义
桑植
永顺
大庸
木黄
鸭西
贵阳
宣威
会泽
盘县
昆明
宾川
铁平渡
靖县
全州
宁远
桂林
界首
桂东
汝城
宜章
城口
安远
新田
信丰
井冈山
宁冈
于都
瑞金
长汀
宁化
长沙
武昌
南昌
安庆
何家冲
金家寨
陶家河
南京
泾县
旌德
汤口
谭家桥
杭州
分水
淳安
怀玉山
常山
玉山
江山
重溪
弋阳
横峰
古楼
庆元
福安
福州
大田
洞庭湖
黄河
长江
金沙江
大渡河
赤水河
乌江
湘江
岷江
嘉陵江

时，红军由江西出发时的8.6万多人，经过一路征战，渡过湘江的已不足4万人了。

黄克诚在率领部队经过湘江战役之后，又参加了两渡桥、两河口等战斗，终于摆脱了敌人的尾追，经湖南道县，进入了贵州黎平。

12月18日，中共中央政治局在黎平举行会议，决定红一方面军向以遵义为中心的川黔边地区挺进。遵照中共中央新的决策精神，黄克诚率先头部队第4师很快离开了黎平，向西经过剑河、黄平，于12月底进至瓮安县境内。

黄克诚率部于1935年1月中旬到达遵义以南地区。中共中央政治局在遵义召开扩大会议，纠正了临时中央负责人及共产国际的军事顾问在指挥第五次反“围剿”作战中的错误军事路线，后来又成立了毛泽东、周恩来、王稼祥三人军事指挥小组，负责全党军事工作的领导，指挥红军作战。

遵义会议的召开，是中国革命史上的一个重大转折，即在最危急的关头，使红一方面军和中共中央领导机关得以转危为安，从而挽救了中国革命。

黄克诚听了遵义会议精神的传达之后，对中央军事路线和军事指挥问题的正确解决，重新确立毛泽东在红军中的领导地位，心情非常激动。他感到红军有了希望，中国革命有了希望，长期以来压抑的心情顿时舒展开来。

▲ 黄克诚在陕北

遵义会议以后，中央决定红一方面军继续北上，准备渡过长江，与红四方面军会合，在四川西北部创建新的革命根据地，为了实现这一意图，红3军团奉命向土城、赤水前进。此时，师长张宗逊身负重伤，黄克诚又一次挑起了军事指挥和政治工作两副担子。他率部参加了土城战斗之后，又挥师西进，渡过赤水河，向叙永、古蔺前进，继续担任前卫，为红军大部队开辟前进的道路。

这时，蒋介石急忙调兵遣将，利用长江设防，堵截红军北渡长江。在强敌面前，红一方面军停止向四川进军，转到扎西，进行休整和缩编。

为了有利于进行运动作战，红3军团取消了师级建制，缩编为四个团，黄克诚任第10团政委。在彭德怀

的指挥下，红 3 军团东渡赤水，占领了桐梓城。

从桐梓向南 30 里，就是巍峨险峻的娄山关。娄山关雄踞娄山山脉的最高峰，周围群峰迭起，山峰如剑，直插云霄。中间有一条十步一弯、八步一拐的盘山公路。两边都是高山和深涧，好像两扇大门紧紧关闭了从桐梓去遵义的通道，真是“一夫当关，万夫莫开”之地。攻下娄山关，遵义城就无险可守了，自古以来，这里是兵家必争之地。

中央军委命令第 1、3 军团夺取娄山关，再占遵义城。贵州军阀王家烈急派部队从遵义出发，向娄山关急进，妄图凭借天险阻击红军。

彭德怀命令部队昼夜兼程，力求抢在敌人之前进至娄山关，可是，娄山关却被敌人抢先占领了，红 3 军团随即发起了对娄山关之敌的进攻。黄克诚率第 10 团首先突破了敌人的左翼阵地，与兄弟部队一起，同敌人展开了反复的争夺，敌人伤亡惨重。这支敌军是有名的“双枪兵”，即每人除了一支钢枪外，还有一支大烟枪。他们抽大烟过足了瘾，依仗天险，还可抵挡一阵。但是，在红军的猛烈攻击下，很快就溃不成军了，急忙夺路逃回了遵义城。黄克诚指挥部队尾敌追击，再次攻进了遵义城。

红军再次占领遵义后，蒋介石即派两个纵队飞驰遵义，黄克诚奉命率第10团在遵义附近的山地同敌人展开了激战，仗打得相当艰苦。由师长改任团长的张宗逊再次负伤，团参谋长壮烈牺牲。黄克诚率部固守在一个山头上，顽强抗击着优势之敌的轮番进攻。正在危急关头，军委干部团赶来增援，红1军团的主力也及时投入了战斗，经过红军的猛烈反击，敌人全线崩溃了。红军乘胜追击，一直追到鸭溪以南的乌江大渡口。由于敌人砍断了浮桥，才免于全军覆灭。这次战斗，共歼灭和击溃敌人两个师又8个团，俘虏敌人3000多人。这是长征以来中央红军取得的最大的一次胜利。

随后，黄克诚被任命为第3军团司令部侦察科长。他视力差，体质弱，做侦察工作困难很多，但他总是千方百计地克服困难去完成任务，经常冒着危险，带着侦察员摸到敌人的前沿阵地，侦察敌人的兵力部署和火力配置情况，为军团首长指挥作战提供依据。一次，黄克诚误入了敌人的阵地，差一点被敌人打死。脱险后，他风趣地说："敌人好几挺机枪一齐向我开火，居然没打中，还是让我活着回来了，看来我还不到该死的时候。"

又过了一段时间，黄克诚被任命为军团教导营政委。黄克诚率领部队越过了水流湍急的大渡河，翻过了

常年积雪的大雪山，走过了人迹罕至的大草地，经历了千难万险，艰难跋涉于长征路上。

1935 年 10 月，由军委纵队和红一方面军主力组成的陕甘支队到达了陕北根据地的吴起镇。黄克诚率部随着红一方面军主力经过一年的长途跋涉，纵横 11 个省，行程二万五千里的长征胜利结束了。

红军长征到达陕北，标志着中国工农红军走上了新的发展道路。随后，黄克诚被任命为军委卫生部部长。

黄克诚深感肩头担子的分量和职责的神圣，他以崭新的姿态，投入了新的战斗，迎接着新的考验。

红军组织部长

1936年初，中国正处在政治形势大变动的前夜。如何使各种抗日革命力量汇集起来，组成一个统一的民族革命战线，是中国共产党和中国工农红军开创新局面的关键。就在这个时候，中央军委命令军委卫生部部长黄克诚担任红军总政治部组织部部长。

为了适应国内外形势的变化，发展革命力量，中共中央政治局在瓦窑堡召开会议，通过了《关于军事战略问题的决议》。《决议》明确地提出党在目前形势下的战略方针是：在以坚决的民族战争反对日本帝国主义进攻中国的总任务之下，党和红军在政治、军事宣传和实际行动上，必须“把国内战争同民族战争结合起来”。

黄克诚深知组织工作的首要任务就是要保证党的路线、方针、政策在军队贯彻执行。中央军委在这样的形势下任命自己为红军总政治部组织部长，自己必须全力

以赴地抓好中央瓦窑堡会议决议的落实。

根据中共中央《关于军事战略问题的决议》所确定的渡黄河东征的方针，中央军委下达了东征作战的行动计划。黄克诚深入部队，深入实际，指导准备渡河东征的红一方面军，进行了广泛的思想政治动员，帮助广大指战员明确东征作战的任务和意义，树立必胜的信心。

1936年2月18日，红一方面军司令员彭德怀，政治委员毛泽东下达了东征作战的命令。

红军的作战任务就是政治工作的任务，作为红军统率机关的组织部长，就是要保证作战任务的完成。黄克诚安排好机关的工作，做好了随红一方面军总部东征的准备。

2月20日晚，渡河战斗开始了，黄克诚来到黄河岸边，等候着毛泽东、彭德怀等领导人的到来。第1、第15军团的突击队和先头团以勇猛果敢的动作，在预定的渡河点迅速突破了敌军的黄河防线，控制了河东滩头阵地，并积极扩大渡河场，掩护主力渡过黄河，向国民党军发起了勇猛的进攻。

红一方面军东征是一次战略性的进攻战役，在历时75天的作战中，黄克诚协助方面军首长做了大量艰苦细致的工作，指导部队总结渡河作战的重要经验，大大地提高了部队的战斗力。并在山西的二十多个县开展了群众工作，宣传党的抗日主张，扩大我党我军的政治影响，为推动抗日民主统一战线和华北以至全国的抗日救亡运动的发展，作出了积极的努力。

发扬红军政治工作优良传统

红一方面军东征回师后，黄克诚被任命为红 1 军团第 4 师政委，他回到了阔别已久的老部队，心中充满无限的感慨。他想起了从中央根据地出发后，那无数牺牲的战友，想到了长征路上艰难困苦的征战，回顾红 4 师这支英雄部队光辉的战斗历程，更加激起他对第 4 师广大指战员的深厚感情，焕发出极大的工作热情。他率领部队参加西征战役和山城堡战役，为巩固和扩大陕甘宁革命根据地，迎接红军第一、第二、第四方面军的胜利会师作出了重大贡献。

1936 年 12 月 12 日，东北军首领张学良和西北军首领杨虎城联合发动了震惊中外的“西安事变”，扣留了在西安部署“剿共”的蒋介石及其一行军政要员十余人，并发表了通电，提出了“停止内战、一致抗日”的主张。中共中央为了促成“西安事变”的和平解决，一面命红军南下，准备对付以何应钦为首的国民党亲日派的军事进攻，一面接受张学良、杨虎城的邀请，派周恩来、秦邦宪、叶剑英等人前往西安参加谈判。

为了争取东北军和西北军更坚定地投入反侵略、反内战的斗争，红军总政治部从各部队抽调了部分干部进行短期训练，准备派到张学良、杨虎城部队担任军政联络员。重新回到红军总政治部担任组织部长的黄克诚，具体负责训练班的工作。黄克诚在训练班给学员作了深刻全面的动员。他认真地分析了国际国内形势，既讲了“西安事变”发生的原因、意义和可能发展的前途，也讲了我党的主张和我军的准备，教育学员既要立足于“西安事变”的和平解决，推动全国抗战形势的好转，也要准备对付何应钦的军事行动，对其给予坚决的打击。

经过中国共产党和全国人民的共同努力，蒋介石被迫接受了抗日条件，许诺不再发动内战，“西安事变”终于和平解决了。训练班培训的学员自然也就没有派出的必要了，黄克诚便把他们送到抗日军政大学学习。

1937 年 7 月，卢沟桥事变发生后，在日军进攻上海、威胁南京时，国民党当局同中共中央达成协议，于 1937 年 8 月 22 日，宣布红军主力改编为国民革命军第

八路军。8 月 25 日，中共中央军事委员会发出了改编命令，宣布中国工农红军第一、第二、第四方面军的战斗序列改编为国民革命军第八路军，黄克诚被任命为八路军总政治部组织部部长。

黄克诚在基层的调查中发现，部队由红军改编为八路军以后，由于受国民党的干涉和限制，取消了政治委员制度，削弱了党的领导和政治工作；把部队的政治部改称为政训处，影响了政治机关职能作用的发挥；部队的政治教育有所放松，军阀主义的倾向开始抬头。作为一名长期从事部队政治工作的领导者，黄克诚没有忘记毛泽东起草的古田会议决议，没有忘记红军政治工作的优良传统。自己的亲身经历和部队政治工作的现状，使黄克诚清醒地认识到，必须坚持政治工作的制度，保证党对军队的绝对领导，保证党的政治路线和组织路线在部队的贯彻执行，而自己作为八路军的组织部长，责任更为重大。于是，他将调查情况向八路军政治部主任任弼时作了详细的汇报，并建议在部队恢复政治委员制度和政治机关制度，加强部队的政治工作。

任弼时很赞成黄克诚的看法，指示他要尽快把在部队调查中发现的问题及建议写出报告，上报党中央和毛泽东主席。

黄克诚的报告起草完以后，以八路军总司令朱德、副总司令彭德怀和任弼时三人的名义上报给党中央和毛泽东。10 月下旬，中共中央、中央军委回电八路军总部，决定部队恢复政治委员制度和政治机关制度。并撤销各级的政训处，恢复了师、旅政治部和团政治处。随后即任命聂荣臻为第 115 师政委，关向应为第 120 师政委，张浩为第 129 师政委。

粉碎敌人的九路围攻

1938年10月下旬，黄克诚被任命为八路军第115师第344旅政治委员。他和旅长徐海东率第344旅的英雄健儿，转战晋冀豫根据地，展开了敌后抗日游击战争。

黄克诚与徐海东合作得非常愉快，自从黄克诚到了344旅，徐海东就省心多了，他一门心思管打仗。部队上有人闹情绪，思想出了问题，汇报给他，他就说："找政委去！"记者来到前线，要来访他，他也说："找政委去！"黄克诚政委，成了他思想政治工作的依靠。

1937年底到1938年初，344旅奉命开赴正太路以北，开展敌后游击战争，建立抗日民主政权。这期间，344旅同日军有了两次大规模的战斗。

一次是盂县牛村之战，687团在团长张绍东指挥下，打了一场运动战。虽然歼灭了敌人一部，但是由于我军策略、战术水平不高，部队也遭较大伤亡。

不久，344旅为配合晋察冀军区反“扫荡”，在平山县温汤与日军大战一场。温汤战斗，因为旅长徐海东病重，由黄克诚负责指挥，这一仗原本计划将温汤日军500余人全歼，但是仗一打起来，各部队之间配合不成功。不仅没有在预定时间内全歼日军，反而受到增援日军的重炮轰击，广大干部战士缺乏避炮经验，全旅伤亡较大，688团团长陈锦秀与1营营长双双阵亡。

黄克诚对军事问题很少干涉，但对当时存在的作战方式问题却提出了自己的意见。344旅大多沿用过去对付国民党军队的那一套打法，与日军作战，猛打猛冲，对于毛泽东提出的山地游击战并不在意，显得勇猛有余，灵活不足，战斗中多次吃亏，部队遭受了几次挫折。

黄克诚为此深深自责，看到部队两次受挫，他就劝说大家研究新战法，避免再打被动仗和阵地仗，然而，很多人听不进去。黄克诚也不急躁，还是耐心进行说服工作。

344旅进入太行山区后，黄克诚与徐海东一起，指挥部队开始在太行山南段坚持抗日游击战争，放手发动群众，建立抗日民主政权。

1938年4月，华北日军为摧毁刚刚建立起来的晋冀豫抗日根据地，调集了3万多兵力，以分进合击的战术，分九路对晋东南地区开始了疯狂的围攻。

黄克诚和旅长徐海东奉命率领第344旅主力同第129师，决死第1、第2纵队以及友军一部参加了反击敌人九路围攻的战斗。

在朱德、彭德怀的指挥下，各部队迅速进入了预定作战地域。日军围攻开始阶段，黄克诚、徐海东指挥部队对敌人进行了顽强的抗击和袭扰。进占武乡的敌第117联队，企图以其主力北犯榆社，与太谷之敌会合，遭到344旅的阻击后退回了武乡。黄克诚、徐海东判断敌人可能退走长治，决心消灭这路敌人。

4月5日黄昏，敌人开始撤退，黄克诚、徐海东立即命令部队同友邻部队沿浊漳河两岸的山地，进行勇猛的追歼。16日凌晨，当敌人路过长乐村时，徐海东、黄克诚指挥部队对敌人进行夹击，将敌人压制在长乐村以西一个狭窄的河滩隘路上。两侧部队奋勇拼杀，打得敌人丧魂落魄，欲战无力，想逃不能，人马尸体和武器遍布河滩。战到中午，已过了长乐村的敌人主力返回解围，被我军击退。为争夺制高点，徐海东、黄克诚组织部队反复冲击，打退了敌人的多次进攻，消灭日军

1500 多人。

长乐村战斗是我军粉碎日军九路围攻中具有决定意义的一仗，日军遭到了毁灭性的打击后，其他各路纷纷回窜。徐海东、黄克诚率部乘胜追击，与 129 师的部队一起，先后收复了辽县、黎城、潞城等十来个县城，使长治之敌陷于孤立。

▲ 1937 年 11 月，时任八路军第 115 师第 344 旅政委的黄克诚（右）在山西五台山

4 月 19 日凌晨，驻沁县之敌约 3000 余人，仓皇向南撤退，徐海东、黄克诚得到情报后，立即命令主力尾随追击，歼敌 200 余人。4 月下旬，长治之敌经白晋公路和曲（沃）高（平）公路向同蒲路南段撤退，又被徐海东、黄克诚所部和决死第 1 纵队截击，死伤千余人。到 4 月 27 日，日军的九路围攻被我军彻底粉碎了。

随后，徐海东、黄克诚率部来到了长治一带进行整训和扩编。长治位于山西省东南部，原为国民党军驻守，后来沦入日军之手，涂海东、黄克诚率第344旅的到来，给灾难深重的长治人民带来了希望。黄克诚组织部队，深入群众，进行了广泛的宣传、发动，广大青壮年积极报名参军。整个长治地区呈现了“母亲叫儿打东洋，妻子送郎上战场”的动人景象，仅两个多月，第344旅就扩充兵员3000多人。广大指战员以更饱满的热情投入到军事训练之中，随时准备惩罚日军，以雪国耻。

一天上午，晴空万里。徐海东、黄克诚正在检查部队的训练情况，突然，一匹战马飞驰而至，师部通信员报告：“徐旅长、黄政委，师部命令。”徐海东看完电报说：“师部命令我旅到町店附近设伏，打击由晋城开往侯马的敌人。”徐海东、黄克诚商量后，立即下达了作战命令。随后，率领第687、688团和加强支队经高平向町店开进。

部队经过一昼夜急行军，走了200多里，到达了阳城以北的町店北山。

部队刚安顿好，师部就发来了敌情通报：日军108师团的一个联队，将于近日内途经町店，务必迅速做好伏击准备。徐海东、黄克诚进行实地观察后，召开营以上干部会议。徐海东一手叉着腰，一手指着地图说：“我和黄政委经过勘察，发现这一带的确是个打伏击的好地方，无论我们占据南边或者北面的哪一个山头，都能居高临下地袭击敌人，只要敌人通过这里，准叫他人仰马翻。”

黄克诚站起身来，用手向上推了推眼镜，强调说：“日军自恃装备精良，必然骄横麻痹。我们就是要利用敌人的弱点，把工事构筑在距离大路200米，甚至100米处，隐蔽在敌人的鼻子底下，突然发起攻击，打它个措手不及。”接着，徐海东作了具体部署：第688团1营沿土地庙、西冯庄、薛家岭到王家庄、沁河渡口一带伏击，以切断敌人的退路，阻击敌人的东路援兵；2营在义城、柏山、柳沟一带构筑工事，准备正面伏击；3营往西到山口和晋豫边游击队配合，切断敌人西进的道路；新兵营和加强纵队分别驻在窑堂、龙王、后岭、石旺沟、山庄一带，待战斗打响后，迅速到五龙沟西山集结，准备增援688团2营伏击敌人；687团待命增援。

10点钟左右，负责正面观察的人报告：“鬼子露头了。”黄克诚再次提醒部队，“沉住气，等敌人靠近了再打。”又过了一会儿，传来了一阵急骤的马蹄声，紧接着，汽车的喇叭声、马达声相继传来。敌人的骑兵后边，有50多辆汽车，从晋城方向开了过来，骑兵过去之后，汽车进入了正面伏击路段时，这帮敌人竟停车休

息了。鬼子兵纷纷跳下汽车，有的钻到汽车下面睡觉，有的坐到树阴下打盹，有的跳到河里洗起澡来。

是时候了，只见2营营长把枪一挥，命令全营利用地形地物隐蔽接近敌人。300米、200米、100米……徐海东和黄克诚在望远镜里看得一清二楚。“打！”徐海东大喊一声，一颗红色的信号弹腾空而起，霎时间，枪声大作，687团从后面向敌人开了火。

当敌人醒过来后，便组织了疯狂的反扑，部队边打边撤，很快就撤到町店北边的松树岭上去了。刚进入隐蔽地域不久，敌人就组织兵力，动用各种武器向我军阵地开火。炮弹炸得沙石横飞，烟雾弥漫，徐海东、黄克诚指挥部队进行勇猛的反击，打退了敌人的六次冲锋。这次伏击战，共歼灭日军500余人，焚毁汽车20余辆。

8月份，徐海东患病，党中央决定调徐海东回延安治病，指定杨得志代理旅长。不久，杨得志和旅政治部主任率领689团前去河南开辟冀鲁豫边区，黄克诚挑起了军事指挥和政治工作两副担子。

随后，黄克诚被任命为太南区军政委员会书记。太南区地处山西、河南两省的交界处，下辖山西东部的6个县和河南北部的11个县，有300多万人口。

10月中旬，刘伯承主持召开了太行根据地党政军主要负责人会议，传达了中共中央和八路军总部领导人关于建立和巩固抗日根据地的指示。会后，黄克诚立即同太南特委的同志商量，决定了巩固晋东南、加强豫北的工作方针。黄克诚为坚持太行山南段的敌后抗日游击战争，开辟冀鲁豫抗日根据地，作出了重大贡献。

情系苏北

1940年4月，黄克诚奉命率344旅离开太行山赴冀鲁豫，后又转赴豫皖苏。1940年秋，黄克诚率八路军南下支队到达皖东北，所部改编为八路军第5纵队，黄任司令员兼政委。完成整编任务后，黄克诚即遵照中央指示，着手部署开辟苏北的工作。

苏北，地处陇海路以南、运河以东、大海以西、长江以北，是联结华中和华北的枢纽。日军侵占苏北后，抢占交通要道，逐步扩大伪化区，从徐州至扬州沿运河线各城镇、陇海路东段各城镇以及连云港等港口，均被日军占领。在尚未被日军占领的地区，则是国民党统治区，并建有县、区、乡、保各级政权。江苏省主席兼苏皖战区总司令韩德勤，属于蒋介石嫡系顾祝同部，是个有名的反共顽固派。

1940年9月10日，中共中央在军事行动总方针的指示中说："苏北运河以东地区，应由陈毅、黄克诚部广泛发展游击战争。由黄克诚部发展阜宁、淮安、盐城以北地区，陈毅部发展泰县、如皋及其以东地区。不仅扩大主力，并且应努力与地方党共同建立无数小游击队，建立政权，把这些地区抗日民主化。"

为了执行中央的指示，在苏北广大地区开展我党领导下的独立自主的敌后游击战争，黄克诚率第 5 纵队到苏北后，在中原局（华中局）的领导下，放手发动群众，实行减租减息，加强抗日民族统一战线工作，扩大抗日武装，建立各级抗日民主政权，清剿土匪，消灭反动地主武装，粉碎日寇的"扫荡"，打破顽军的"摩擦"进攻，发展生产，加紧进行根据地的各项建设。

皖南事变发生后不久，中央军委即发布重建新四军军部的命令，任命陈毅为新四军代理军长，刘少奇为政治委员，张云逸为副军长，邓子恢为政治部主任，赖传珠为参谋长。在华中的新四军、八路军各部队 9 万余人，统一改编为新四军。八路军第 5 纵队奉命改编为新四军第 3 师，黄克诚任师长兼政治委员。

苏北由于长期受国民党统治，人民群众对初来乍到的共产党和新四军心存疑虑，要开创苏北根据地的新局面，首先就必须取得群众的信任和拥护。

黄克诚刚到苏北时，正遇海潮成灾，疮痍满目，难民遍野，人民群众的生活苦不堪言。在此之前，国民党政府迫于当地士绅的一再呼吁，勉强拨了一点经费，修筑了一道海堤。但由于国民党各级官员层层克扣，偷工减料，海堤修筑得极不牢固，海潮一到，一冲即溃。

黄克诚目睹人民群众离乡背井的凄惨景状，决心发动军民自力更生重新修筑海堤，战胜水灾，渡过难关。

黄克诚找到刚上任的阜宁县县长宋乃德，明确表示："建海堤是一件关系到海边民生的大事，再困难也要修筑。这不仅仅是修一道堤，也是筑起新四军和新政府同广大人民群众密切联系的坚固纽带。"

在上级机关的支持下，黄克诚和县政府采取发行修堤公债、以工代赈的办法，动员了上万民工，军民一齐上阵，终于在 1941 年 7 月底，将全长 90 华里的海堤修成。南北两条大堤，像两条长龙，锁住了奔腾的海水。

就在大堤完工的第二天夜晚，海潮奔腾而来，水位比溃决的旧堤高出 6 寸，人们怀着紧张的心情站在堤上，看着一个个大浪扑来，担心堤坝能否抵挡得住。由于新堤高大坚固，虽然巨浪不断冲击，也岿然不动，经受住了考验。

看着昔日奔腾无羁的海浪如今驯服地从脚下淌过，

▲ 部分南下八路军在苏北盐城合影

大家的欢呼声响成一片，人们从心底发出了对新四军、对新政府、对共产党的赞叹。

阜宁的群众提出，把这条堤命名为“黄公堤”，黄克诚坚决不同意，黄克诚说，宋县长既能代表政府，又是共产党员，还能代表新四军，修堤时也是功臣，以他命名最合适。一块记载着共产党和新四军功绩的“宋公堤”石碑，就立在了大堤上，也永远地立在苏北人民的心中。新四军得到了苏北人民的支持，在此扎下了根，军民合作，共击日寇。

1943 年，苏北抗战进入了最艰苦的阶段。2 月，日寇集结重兵两万余人，在海空军配合下，对盐阜区发动了规模空前的大“扫荡”。2月12日，敌人全线出动，先是气势汹汹地扑向车桥、曹甸等地。这里驻的是国民党韩德勤、霍守义部，日军选准这个薄弱环节，一路杀奔而来。

仅3天时间，国民党军队便被击溃了，又过了两三天，敌人把盐阜区许多大小镇市和大村庄占领了。17日，敌人兵分五路向阜宁县东坎、八滩海边压过来，敌人分析，新四军3师主力都在八滩之东，黄海之滨，可以一举消灭之。但敌军数路会合东沟、东坎、八滩等地区后，却扑了一个空，新四军早转移了。敌人不甘心，立即将兵力分成十几路，采取“梳篦式”战术，来回反复“扫荡”，严密搜索，沿海地区挨村逐户用骑、步兵带着警犬搜索，连荒凉的海边草滩也不放过。在黄海的海面上，舰艇不断来回巡逻，各出海口用海军严密封锁，真可谓“天罗地网”了。

有的敌人到一处后，烧房子，烧棉花，然后撤走，以示“扫荡”完毕，实际却是伪装撤走，当发现新四军的蛛丝马迹，就迅速回师原地合击。敌人还采取一处刚打响，各路就狂奔而来的战法，企图以优势兵力包围猛攻我军。

但新四军同日本侵略者打了多年交道，早已积累了经验。在敌人刚露出“扫荡”苗头时，陈毅就率领军部和华中局离开盐阜区到淮南区去了，留下黄克诚率3师与敌周旋。

黄克诚领导苏北军民，采取灵活机智的战法，避敌锋芒，与敌反复周旋，使其到处扑空，被拖得精疲力竭。新四军则抓住战机，不断对敌人进行打击和袭扰，取得了一系列辉煌的成果，胜利地粉碎了日伪军的大“扫荡”计划。

新四军在反“扫荡”中的表现，得到了苏北人民和抗日进步人士的高度称颂：“敌寇以泰山压顶之兵力，‘扫荡’新四军，新四军能保全主力，已属难能可贵。不料又大举反击，恢复阵地，足见抗战必胜之前途。”

新四军抗日有功，然而以韩德勤为首的国民党顽固派，始终把苏北抗日根据地视作眼中钉，不断寻隙挑衅，制造摩擦。黄克诚认为，选择恰当时机和方法，解决韩德勤顽军，才能消除苏北抗日斗争的重大障碍。

在1943年日军对盐阜区实行“梳篦式”大“扫荡”时，新四军从抗日民族统一战线的大局出发，曾允许韩德勤的部队在我根据地内躲避日军的攻击，并向他们供应粮秣和经费。但日军“扫荡”被粉碎后，韩德勤却背信弃义，处处与抗日民主政府相对抗，捕杀抗日干部和群众，公然宣称要在洪泽湖畔建立反共基地，预谋攻击新四军。

为了保卫抗日根据地，打破国民党顽固派的反共阴谋，新四军调集部队，于 1943 年 3 月 18 日，向韩德勤的老巢山子头据点发起攻击。黄克诚指挥第 3 师参加了这次作战，新四军各部队紧密协同，一举全歼韩德勤主力，生俘韩德勤。

这是韩德勤第二次当黄克诚的俘虏，他心里非常懊恼。起初几天，韩德勤不吃不喝搞绝食，也不开口讲话，满有点“不成功便成仁”的架子，黄克诚及部下对韩德勤反复做工作，晓以抗日大义，终于使韩德勤软了下来。

有人找到黄克诚说：“韩德勤这小子坏事做尽，杀了我们多少人，这次逮住他，干脆毙了算了。”黄克诚从抗战民族统一战线的大局出发，耐心地对群众做了说服解释工作，不久，韩德勤被释放了。

提出一个重要建议

苏德战争爆发后，日本加快了侵华步伐。日军纠集一个独立混成旅团以及李长江、杨仲华伪军部队，共约1.7万余人，在大量飞机和舰艇的掩护下，展开陆地、空中、水上立体攻势，向我新四军军部盐城开始了夏季大“扫荡”。

盐城，新四军军部所在地。陈毅、刘少奇主持召开紧急作战会议，新四军将领聚集一堂。参谋长赖传珠首先向大家介绍了日军夏季大“扫荡”的情况，听完参谋长的介绍，每个人心头沉甸甸的。这次日军“扫荡”一改以前长驱直入的战术，采用了拉网式战术，向盐城、阜宁地区包围合击。

这种战术看来十分有效，日军分兵三路，走一路，收拾一路，如今，东部的国民党部队被其第一路“扫荡”全歼，第二路“扫荡”经兴化，把国民党顽军韩德

勤的“老窝”给筛了一遍，第三路也长驱直入，距离盐城仅有百里路程。

很明显，新四军军部正处在日军重兵包围之中。然而，新四军能够迎战的部队仅有第 1 师和第 3 师，不到 3 万人，而且装备明显处于劣势，连重机枪都无法保证每连一挺，有的战士还赤手空拳。

代军长陈毅沉思良久，突然站起来，斩钉截铁地说道：“我们的政治口号是保卫盐城，保卫苏北根据地，给予日军以狠狠打击，决不让敌人占领盐城！盐城是我们华中根据地的大本营，全国人民注视着这里，保不住盐城，我们不好向党中央，向全国人民交代，这次反‘扫荡’也是一场政治仗，一定要打好盐城保卫战！”政委刘少奇也站起来表示了意见。

大家情绪激昂，都表示坚决执行军部命令，用生命和鲜血保卫盐城，捍卫华中根据地大本营，决不让鬼子进入盐城。突然，有人说了一句：“我不同意军部的这个作战方案，不同意‘保卫盐城’的口号！”一语惊四座！大家顿时静了下来，将目光转向了说话的人，原来是黄克诚！

黄克诚不同意这个冒险方案，便将自己的想法说了出来：“我从八路军南下而来，参加过华北地区反‘扫荡’，基于华北反‘扫荡’的经验教训，我认为在目前敌强我弱的情况之下，我军不宜对日军搞正面阻击，‘保卫盐城’的口号是不适宜的。我建议华中局与军部尽快从盐城撤离，转移到阜宁农村，跳出敌人的包围圈，至于部队，则应实行分散游击，待机反击。”黄克诚说完，又补充道：“如果已有布置当由军部决定，3 师坚决执行！”

刘少奇见黄克诚与大家意见相悖，就耐心地向黄克诚做起了思想工作。刘少奇要黄克诚从政治的高度对待这次战斗：我们进行的是人民战争，有广大后方作依托，有广大民兵协助，我们能得人心就能守天下，得天下。

刘少奇的劝说，并没有改变黄克诚的想法，他继续坚持己见：“那是美好愿望，盐城肯定守不住的。”陈毅有些恼火，忍不住说：“在新四军里，除了饶漱石敢顶撞我，就是你黄克诚了，可你是我的部下！”

“真理往往掌握在少数人手里，”黄克诚力持异议：“我建议取消这个方案，放弃盐城！”黄克诚与陈毅、刘少奇发生了争执。最后，陈毅下了命令：“军部决定，你率 3 师与 1 师共同保卫盐城，你们 3 师 7 旅在建阳、湖垛一线阻击来犯之敌，8 旅在东沟、益林地区阻击。”

黄克诚当即表态："我3师坚持执行军部命令！3师在阵地在！但是，我保留自己的意见。"

保卫盐城的战斗开始了，敌强我弱，因而随着战斗的继续进行，新四军伤亡较大，战况并不乐观。

在这种情况下，黄克诚审时度势，认为为避免无谓的损失，必须当机立断，撤离盐城。于是，他将自己的意见直接电告远在延安的党中央、毛泽东，并将军部情况作了汇报。

毛泽东接到电报后，马上致电新四军军部，询问情况。这时，敌人攻势更加猛烈，新四军面临严峻考验，如果继续硬拼下去，情况十分危险。刘少奇将军部争执情况电告毛泽东后，军部经过商讨，开始考虑黄克诚的意见了。

痛歼敌伪

1943 年，敌伪在“大扫荡”中占领阜宁城和附近一些乡镇后，对盐阜区根据地威胁很大。敌人也看到了阜宁的重要，不断地往这里增派兵力。1944 年冬，特地把伪军孙良诚的第二方面军从河南调来盐阜一带，孙的 41 师、43 师共七个团的兵力就驻扎在阜宁城及附近。

卧榻之旁，岂容他人酣睡？在根据地边上有这么个黑据点实在令人心烦。黄克诚早想拔掉这个钉子，但转过来想，敌强我弱，你今天占领了阜宁，明天敌人还会来派兵占领，索性等等看，抓住有利时机再动手。

1945 年 3 月，华中我军展开大反攻。黄克诚同张爱萍、洪学智等人围着一张军用地图讨论了很久，确定了攻克阜宁的作战方案。师部命令：8 旅、10 旅、师特务团，以及盐阜军区的阜宁、阜东、建阳、射阳、盐东 5 个独立团，共十一个团的兵力投入这次战斗，由黄克诚亲自指挥。

初春的苏北，乍暖还寒，春寒料峭。黄克诚披上破旧的大衣，一个团一个团地检查作战准备工作，帮助各团制定作战计划。他告诉各团的干部，不但要用枪来射击，还要开展政治攻势；不但要勇敢，还要机智、灵活运用战术。师长的指示，迅速在各团各营各连落实了。

不久后，在射阳河的钱庄、路庄等上游，许多小木架沿河而下，漂向阜宁城。木架上写着标语："日军必败，我军必胜！""中国人不要为日本军卖命！""欢迎弃暗投明！"等等。许多喊话队也在各据点附近活跃起来。由于伪军中有不少是冀鲁豫人，3 师各团就从战士中挑选了一些声音响亮、口齿清楚的人参加喊话队。喊话队宣传抗战形势，宣传日军必败的道理，介绍抗日根据地减租减息、丰衣足食的情况，欢迎伪军投向光明。

有时，一些战士还隔河唱起了小曲：

黄河流水黄又黄，黄河两岸大麦香。
别人都在打鬼子，你怎么反把伪军当？

娓娓动听的歌声，在夜空中传得很远。

强大的政治攻势，产生了极大的影响。伪军先是一个人一个人地跑过来，后来，一个班一个排地投向新四军。新四军战士热情地欢迎这些投诚者，他们中的一些人又自动参加喊话队，现身说法，又影响了一大批人。

4月24日深夜，战斗打响了。第一个任务，是清除阜宁城外围的据点。在黄克诚的指挥下，8旅24团、旅特务营一举攻克了大顺庄、头灶、九灶等，全歼驻守在这些村镇的伪军。掌庄驻着伪军300多人，见势不妙，知道没什么出路，便放下武器投降了。

阜宁城内的敌人见新四军拔除了城周围的据点，慌了手脚。在军官的威逼之下，25日中午，从北城冲出千余敌人，向新四军反扑。但新四军早有准备，敌人刚一露头，22团就来了个迎头痛击。本来，敌人在噼噼啪啪响了一夜的枪声中就成了惊弓之鸟，一遇到强大的火力阻击，便急忙退进城去。

但新四军怎么能放过这送上门的机会，1营的一个排尾随在溃退的敌人之后，进了阜宁城。接着，3营11连在响亮的冲锋号声中，抢占了北城门的四座炮楼。

敌人固守在城中的工事里，我军也在加固刚刚占领的工事，双方相距不过几十米，紧张地对峙着。

突然，一个新四军战士惊叫起来："师长来了！"大家一看，果然，师长在团长的陪同下，弯腰走进了工

事。大家又担心又高兴。担心的，是这里太危险；高兴的，是师长来了，胜利更有保证了。

黄克诚俯下身子，仔细观察敌情。突然，敌人扫过来一梭子弹。一个机枪手眼明手快，立刻扑到了师长身上，他急切地说：“师长，这里危险；你快下去。”

黄克诚推开这位战士，轻轻拍拍他的肩膀，动情地说：“你不是同样危险吗？今天，我们观察敌人的工事，是为了把作战计划搞得周密一些，进攻时好减少我们同志的危险呀！”

▲ 1945 年春，6 师 18 旅在高邮湖东侧三垛至河口地区伏击，歼灭敌伪军 1800 余人。这是战斗胜利后部队合影

战士们听了师长的话，感动得热泪盈眶。

第二天下午3点，黄克诚发出了总攻令。8旅、10旅集中主要兵力，在炮兵配合下，发动总攻。炮声隆隆，军号阵阵，新四军战士从战壕中一跃而起，如潮水般涌进城内。

战士们斗志旺盛极了。几年来，总是被敌人“扫荡”，总是打一些运动战、游击战，今天，我们也打攻坚战了，要攻克敌人占领的城市了，怎不令人振奋！

但是，敌人也很顽强。有的地方，新四军战士把云

梯搭上了城墙，战士们一个接一个往上爬，敌人见状，不断地向下投掷手榴弹。战士们倒下一批，又有一批爬上去。有的地方，新四军攻了上去，敌人拼死反扑，双方多次拉锯。

经过5个多小时激战，新四军攻占了伪军第43师司令部，控制了阜宁城中心。这时，已经日落西山，夜幕降临了。

城内的枪声还没停止，扼守在城内天主教堂的敌人仍在负隅顽抗，他们想借夜色拖延时间，等待援兵。

“必须打破敌人的幻想！”黄克诚下了坚决的命令。新四军集中炮火轰击，然后，战士们又冲了上去。激战一夜，在第二天凌晨拿下了这个据点。阜宁东大街的守敌一个营见大势已去，营长率全营向新四军投降，打起了白旗，阜宁城解放了。

这次战斗历经36小时，战线绵延50里，摧毁敌人碉堡143个，解放土地1000多平方公里，收复村庄560多个，歼灭伪军7个团，缴获了大量武器弹药。

苏北人民陶醉在胜利的喜悦中。3师驻地锣鼓喧天，慰劳队络绎不绝。人们怎么能不高兴呢！这次战斗，是新四军在苏北第一次攻占敌人有坚固工事的城市，也是华中抗日战场战略反攻的一次重要战斗。

但是，黄克诚仍然很平静，他在筹划着更加重要的战斗。

1945 年 8 月 9 日，苏联红军出兵东北。8 月 15 日，日本宣布无条件投降。八年浴血抗战，终于赢得了胜利的一天，战士们欣喜若狂。盐阜区、淮海区村村都是一片锣鼓声，苏北和全国一样，比过年还热闹。3 师文工团、苏北文工团、新安旅行团纷纷演节目、写标语，庆祝抗战胜利。

在全国各解放区的欢乐气氛中，毛泽东主席和延安总部发布命令，要求各解放区我军向一切敌占城市和交通要道积极进攻，迫使敌伪放下武器。

黄克诚立刻部署，准备攻克淮阴、淮安、盐城等苏北重镇，使盐阜区和淮海区连成一片。但计划还未实施，新四军军部发来了命令，要 3 师立即向淮南、津浦路西前进，和 2 师会合，与东犯的国民党军队决战，并收复徐州。

黄克诚纪律观念向来极强，立即率 7 旅、8 旅向 2 师靠近。但是，他综观全局，留下了 10 旅，既可增援师主力，又可准备攻克淮安、淮阴和盐城。在他的棋盘上，这是一枚多用的棋子。

3 师赶到津浦路西时，国民党军队已抢先接收了津

浦路沿线城市，徐州、蚌埠等城市派去了重兵把守。国民党急于进占城市和要地，也不可能就发动向我根据地的进攻。3师停留了半个多月，无用武之地。根据当时的实际情况，黄克诚深思后，和共同指挥津浦线作战的新四军2师政委谭震林再三商量，联名向军部发电报，同时也给中央发了电报，他们建议：2师主力回路东，夺取铁路一段，3师主力一部回师肃清苏北、苏中各城市伪军，创造连成一片的苏北、苏中大块根据地，为尔后长期作战准备战场。

不久，刘少奇从中央打来电报：黄、谭建议将3师部队抽调（或再加2师之一部）向东扫荡苏北敌伪据点，造成将来作战有利条件，似乎是必要的；否则主力部队将陷入无事可做的被动地位。以前黄克诚主张3师部队首先肃清苏北敌伪后再行西调的意见，似乎也是对的。

黄克诚刚把这份电报读罢，正在思索下一步的行动，机要科长又送来了刘少奇一份新的电报：目前一时期，不论2师、3师、4师，均依照当前情况作适当之分散作战有利。

黄克诚知道，毛主席已赴重庆同国民党谈判去了，刘少奇主持党中央的工作。他的电报，就是代表了党中央的指示。而执行党中央的指示，多打几个胜仗，就是对毛主席安全增添几分把握。

于是，他命令部队迅速开拔，昼夜兼程赶回苏北。

8 月的天气，十分炎热。但战士们一听说要赶回去攻打敌人的城市，劲头鼓得足足的，脚下似生了风一样，恨不得一步赶回苏北。

10 旅驻在苏北未动，听到黄师长带领 7 旅、8 旅已返回，战士们兴高采烈，都知道，有一场好仗可打了。

回到盐阜区，黄克诚便下令以 10 旅为主力，又派出师特务团、淮海新 2 团、射阳独立团、淮阴警卫团、涟水警卫团配合，攻克淮阴。

驻扎在淮阴城内的，是伪军 28 师潘干臣部，有 8000 多人。潘干臣驻扎淮阴有 5 年了，日本投降后，他摇身一变，成为国民党的“先遣军”，气焰仍十分嚣张。

战士们对这伙伪军恨得咬牙切齿，投入了紧张的攻城准备工作。主攻点放在城东北角，各团修筑了多座高于城墙的火力制高点，又挖了十多条交通壕，还挖了地道，通向城墙，准备炸开缺口。可谓万事俱备，只待师部一声令下了。

但是，黄克诚沉得住气。他记得阜宁之役的经验，令各团开展政治攻势。新安旅行团和师文工团、各团宣

传队各显其能，又是喊话，又是唱歌，还用弓箭把宣传品射进城内。

同时用弓箭射进城的，还有两道通牒：命潘干臣率部投诚，既往不咎，否则，后果自负。

但是，潘干臣自恃找到了国民党这个新靠山，拒绝投降，他还找来了两架国民党的飞机，在淮阴上空飞来飞去，耀武扬威。

战士们的肺都要气炸了！日本人在你神气，国民党来了你还神气？9 月 6 日上午，3 师 10 旅出其不意地发起了总攻。28 团 1 营通过 55 米长的地道，把埋在城墙下的“神雷”拉响了，随着惊天动地的一声巨响，黑风飞卷着沙石冲上天空，城上敌人的枪声，一下给震哑了。

在嘹亮的军号声中，战士们前赴后继，抬着云梯架上城墙，只 5 分钟就登上了城墙。还有一些战士从炸塌的缺口中冲进城去。

4 连找了一个向导，是潘干臣的理发师，他带领 4 连战士直奔潘干臣的司令部。

司令部里，一个矮胖子手持电话，正在大声吼着：“妈的，不许撤退，再拉一个营上去！”

话音未落，三把明晃晃的刺刀指向了他，电话机

“啪”地掉到了地上。他心里直纳闷，这伙人难道是从天而降的？

4连连长一把揪住他的领子：“潘干臣，你的部队完蛋了，还不快投降？”他用驳壳枪指着潘干臣的胖脑袋：“想活，就下命令，叫你的部队就地停止抵抗，不然，就对不起了。”

潘干臣看看黑洞洞的枪口，颤抖的手捡起了话筒，沙哑着声音说：“我是潘干臣，别打了，放下武器吧！”

只用了5个半钟头，淮阴就落入3师手中。黄克诚带领师部进入城内，笑容满面地和战士们打着招呼，他从心底满意这次神速的攻坚战。他和师部其他几位首长研究后，决定命名10旅28团为“清江部队”，命名该团1营2连、2营4连为“模范连”。

在黄克诚的部署中，下一个要拔的钉子，是淮安。

淮安，是一座历史名城。大概是由于历年战事频繁，所以，城墙修得高大坚固，全部用巨大的青砖砌成。城的东、南、北三面有护城河，西面，运河沿城流过。四面环水，加上高大的城墙，古来留下了“铁打淮城”的称谓。

坚固的城防，给敌人壮了胆。守城的伪军有5000多人，司令名叫吴漱泉，绰号“吴独膀子”。抗战胜利

后，他摇身一变，被国民党委任为“淮安独立旅旅长”。他趾高气扬，认为新四军奈何不了他，因为日本人在淮安7年多，惨淡经营，修筑了不少工事。他又增修了城四角的炮楼，在城墙上修筑了许多射击掩体，并在城内街道十字路上和鼓楼司令部附近修了地堡，吴独膀子夸下海口：“我这个淮安，天兵也难以攻破。”

殊不知，新四军要比天兵更厉害。1945年9月15日，在黄克诚领导下，新四军3师7旅、8旅、淮安独立团、射阳独立团把淮安团团围住，敌人插翅难飞了。

问题是如何攻进城去。

多少年来，黄克诚养成了习惯，凡要打仗，他总要先观察地形，这次当然也不例外。他叫上各旅旅长，沿城走了一圈，心里有了数。他通知各旅各团，用几天的时间，在火力掩护下用沙袋堆起十几个比城墙还要高的火力点。每个连队都要准备登城云梯，还要在城西南挖一条150米长的地道，直达城墙底下。

淮安城墙有多高？12米！用沙袋堆起来比城墙还高的火力点，绝非易事。但战士们知道，这是黄老头的命令，这办法已在攻克淮阴时奏效，便加油干起来。

9月21日，攻城的准备就绪。为了减少损失，还是先开展政治攻势，发出令吴漱泉投降的最后通牒。但吴独膀子不仅拒绝放下武器，反而组织了100多人的“敢死队”，用绳索从西城墙把他们放下来，偷袭新四军阵地，妄图打开缺口突围。

关进笼里的鸟怎能让它飞掉？新四军战士给了“敢死队”迎头痛击。40多人真的去死了，还有80多人却不敢死，乖乖地举起了双手。

遭此损失，吴独膀子不敢再做突围之梦，只得固守防线，等候援兵。

22日早晨8点，一声巨响炸飞了敌人的梦想。这是一颗重500磅的飞机炸弹，被8旅22团6连从地道送到城墙下引爆了，城墙炸了7米多宽的缺口。总攻开始了。

8连的战士勇猛地从缺口中冲进城去。9连、10连乘着漫天的硝烟，抬着4架云梯架上城墙，战士们争先恐后地往上爬，只用了9分钟就登上城头。其他连队在火力掩护下，也纷纷架上云梯，登上城墙，突破了敌军的前沿防御阵地，攻占了城四角的炮楼，扫清了城墙上的守敌。

城门大开，激越的冲锋号引导着战士们冲进城去，和敌人展开巷战。

中午时分，7旅、8旅两支部队在城中心鼓楼会师，

包围了还在顽抗的敌司令部，经过 30 分钟激战，新四军战士冲进敌司令部，击毙了吴漱泉。至此，淮安城重见天日了。

这次战斗，只进行了几个钟头，3 师歼敌数百人，生俘敌团长两人及士兵 4000 余人。

胜利的消息传开了，老百姓拍手称快。许多人伸出大拇指，称赞新四军的英勇善战，称赞黄师长的多谋善断。

黄克诚在干什么呢？像每次打了胜仗后一样，他不是沉浸在胜利中，而是在思索下一步的行动。他打开军用地图，看到在攻克两淮后，苏北、苏中、淮南、淮北根据地连成一片了。他再往全国范围内看，眉头皱了起来。他有一个想法，但不知道成熟不成熟，他还要再反复思考。

进淮安后，黄克诚打听到周恩来在城内的旧居，便抽空去访问了一下，他仔细地观看周恩来过去居住的院落，又打听周恩来青少年时的情形。他对周恩来十分崇敬，这次，到了他的家乡，看了他的旧居，黄克诚了却了平生的一个愿望。

这天，新旅的一群少年找到了黄师长，拉着他要他去参观。黄克诚笑呵呵地跟着他们走，到了河下镇莲花街“灵王庙”，黄克诚猛地想了起来，这里是新安小学，是新安旅行团的母校。他指着小朋友们说：“你们这些小鬼，把我领到这里来了，太谢谢你们了。”

看着这伙少年乌黑发亮的眼睛，黄克诚从心里喜欢他们。他说：“当年，你们从这里出发，今天，你们回到这里可不是简单地兜了一个圈子啊！你们在炮火中长大了。现在这里空荡荡的，希望能赶快复校，中国的建设需要大量的人才。陶行知先生不是反对‘读死书，死读书，读书死’吗？这很对。我希望你们用新的思想办学，办出成绩来。”

热烈的掌声，惊飞了树上栖息的一群鸟儿。

抗战胜利了，有些人产生了喘一口气的思想。但是，黄克诚却看得深远得多。

几天以来，他冥思苦想的问题有了初步的结论。他认为，抗战胜利后，蒋介石一方面积极准备发动内战，一方面又假意同我们和谈，国内形势是“和战不定”。而我们党领导的地区还分散于长城内外、大江南北、东南沿海，没有联成大片的战略根据地，这是十分不利的。他决定，立即向党中央提出自己的建议。

但是，有人向他泼了一瓢凉水。他到新四军军部，要求向中央发电，新四军政委饶漱石阴阳怪气地说：

“这不好吧！你用军部电台发报，中央会不会认为这是军部的意见啊！”

黄克诚早就看不惯饶的做派，听了这话，扭头回到师里，命令师里电台直接向中央发报，越级就越级吧，反正是为了革命！

嘀嘀答答的发报声响起来了，电波越过崇山峻岭，飞往延安：

> 一、蒋介石对我党谈判毫无诚意，只以和平谈判作欺骗人民、麻痹我军、拖延时间之手段。目前敌人以大军积极进占大城市和交通要道，并以必要兵力控制我军可接近之山脉（大别山、黄山、天目山、陕南等），防我向其背后挺进。估计国民党军队到达指定之城市、交通要道之后（华北、华东），仍将在敌人掩护下构筑铁路封锁线，甚至纵深封锁线，以分割孤立我军各战略区，使我军不能自由调动。到适当时机，和平压力无效后，即以大军向我进攻，以图达到各个击破之目的。
>
> 二、我军数量虽大，但精干坚强之主力不多，占领地区大，我主力分散。各大战略根据地，除山东外，突击力量均欠强大，均很薄弱。各根据地内

▲ 新四军 3 师 8 旅进军东北途中

均有敌伪之据点，均控制有铁路及大城市。且无一个根据地在人民、地形、粮食诸条件之结合上，比得上过去之中央苏区。各根据地联系得很不好，很难独立长期支持大规模战争。

三、在上述情况下，目前我们方针约有下面三个：

1. 以极大让步取得和平（削弱军队与地区到极大限度）。

2. 有利基础下让步，长期和平谈判，争取和平，保持力量。

3. 有决心地主动地放弃一些地区（游击坚持），集中主力进行决战，创造联系一片的大战略

根据地（有铁路、有城市），在全国范围内开展游击战争，逼迫蒋介石向我让步，取得和平。

四、我们若执行第一项方针，将走希腊路线，造成严重失败（蒋永远不会放松我党我军）。第二项方针，目前很少有实现可能，时间拖延，对我极端不利。因此，我们应采取第三项，政治上仍进行谈判，而军事上应集中主力进行决战；在决战胜利之下，取得联系一片的大战略根据地，以利进行长期斗争。

军事具体部署上，我建议：

1. 东北既能派队伍进去，应尽量多派。至少应有 5 万人，能去 10 万人最好。并派有威望的军队领导人去主持工作。迅速创造总根据地，支援关内斗争。

2. 以晋、绥、察三地为关内第一战略根据地。应集中 10 万主力，对该地区国民党军队决战，达到控制整个察、绥与西北和太行全部。

3. 以山东为关内第二战略根据地。应集中 15 万主力待敌伪缴枪之后，在济、徐、胶，徐海铁路线进行决战，达到控制整个山东的目的。

4. 其他各地区则成为二大战略根据地之卫星，

力求争取局部决战之胜利。不可能时，即以游击战争长期周旋。

5. 为执行上述方针，山东应调3万人到5万人去东北，华中应调3万人到6万人去山东，在河南和平原主力的一部应调山西，江南一个师主力应调回江北，只以一部留在江南活动。1师为新四军之坚强部队，目前和国民党军队作战毫无希望，估计将来被截断之后，会被迫打游击；以坚强主力去打游击，极为不利，故应迅速北调。

6. 我对各方面材料了解甚少，可能有片面之处。但我认为目前我党没有联系一片的大战略根据地，就不会有大的胜利；若没有大规模决战的胜利，就不会有联系一片的大战略根据地。故集中兵力进行决战，当为当前之急；如依靠谈判或国际干涉，均带有极大危险性。

……

这是一份很有见地的电报。

几天以后，中央发出指示，确定“向北发展，向南防御”的战略方针，指出目前的主要任务是：向北要全部控制热（河）、察（哈尔）两省，力争控制东北，以便

依靠东北和热、察两省，加强全国解放区及国民党地区人民的斗争；向南要收缩战线，集中力量，准备对付国民党的大举进攻。这是我党在抗日战争胜利后战略方针的一个重大转变，对以后的人民解放战争胜利起了重大的作用。

9 月底，党中央下达命令，命黄克诚率新四军 3 师主力 3.5 万多人，迅速从盐阜区开往东北。

东北，又一场新的斗争在等待着黄克诚。

黄克诚率部创建苏北抗日根据地，至抗战胜利的 5 年中，共作战 5000 余次，歼敌 6.5 万余人，建立了拥有 4 万多平方公里和 800 万人口的解放区，所部新四军第 3 师主力及地方部队由 2 万余人发展到 7 万余人。

率军进东北

1945年抗日战争胜利后，黄克诚认为，我党我军须尽快创建连成一片的大战略根据地，只有发展壮大自己，才能战胜国民党反动派可能挑起的全面内战。9月14日，黄克诚在华中局驻地得悉东北地区局势，便立即致电中共中央，建议速派大部队进军东北，“至少应有5万人，能去10万人最好，并派有威望的军队领导人去主持工作”。

9月23日，黄克诚接到上级命令：率领新四军第3师开赴东北，当时关内盛传东北粮食武器多得不得了，去了就能获取。随后，党中央转发了一份先期入东北的同志的报告说：“在沈阳及各地堆积之各种轻重武器及物资甚多，无人看管，随便可以拿到。”9月中旬，苏军电台向中央通报沈阳有日军的大型军火库，存放着10万支枪，可以移交给八路军。

于是，有一种说法盛行起来：到东北的部队根本不用带装备，把手里的武器给当地的地方武装算了，东北的武器足够用的。但黄克诚对此采取了谨慎态度，他不仅要求部队全副武装上路，还给每人发了一件棉衣。9月的苏北，还是阳光灿灿，十分暖和，有人看着太阳就发开了牢骚："这黄老头子怎么了！专门跟别人唱反调。不但带着装备，还要背着棉衣？"闲言碎语也刮到了黄克诚耳朵里，他一笑置之，还是坚持自己的主张。

9 月 28 日，黄克诚和洪学智率部从苏北淮阴启程，向山东进发，加入了 10 万大军闯关东，开创东北根据地的斗争行列。

黄克诚率部离开苏北的时候，华中局和新四军军部作出指示，到达山东后停留一个时期，以巩固部队在山东的力量，黄克诚对此有自己的考虑，从局部看，在山东停留一个时期有利于山东地区的稳固，但从全局看，东北重要得多。蒋介石也会看到东北这着棋，我们先到东北一天，就主动一天。如果让蒋介石先占有了东北，我军将在战略上陷入极大的被动之中，将会给中国革命造成巨大的损失。想到此，10 月 4 日，黄克诚给中央军委发电，建议部队到山东后不作停留，稍事休整后立即继续大踏步北进。

两天后，中央军委复电：“为迅速达成战略任务，3师部队在到达山东后，应兼程北进，不宜在山东担负战斗任务。”黄克诚的建议被中央采纳了。

10月12日，黄克诚率部到达山东临沂地区，而此时从延安参加完党的七大后的陈毅也到了临沂。陈毅向黄克诚讲了七大的一些情况，黄克诚听了很受启发，遂请求陈毅给正在北进的3师连以上干部训话，陈毅慨然应允。3师是陈毅的旧部，原转战太岳山区，到苏北后屡建战功，是新四军的主力部队之一。如今，这支部队要北上执行新的任务去了，陈毅很动感情，他在会上历数了3师这些年来的辉煌战绩，最后勉励大家：“你们3师肩负着党中央的光荣使命，责任重大。希望你们兼程北上，立马关外，在东北一展我们新四军的军威。”

陈毅的讲话，极大地鼓舞了士气，再加之两日的休整，官兵们显得更加精神抖擞。次日，3师全体将士们告别陈毅，向着祖国的北方开进。

新四军3师的将士们多系江南、苏北人士，现在开向寒冷的北方，他们能在东北熬过1945年的严冬吗？10月16日，黄克诚、洪学智率部跨过黄河进至渤海区，4天后在东光地区穿过津浦路进入河北境内。然后昼夜兼程，跨永定河，在廊坊地区越过平津路，于11月上

▲ 新四军 3 师经冀东冷口出关，向东北开进

旬抵达冀东的三河、玉田一带。山海关就在眼前，这时传来一个不祥的消息：国民党军 5 万余人已抢在 3 师之前，逼近山海关了。

听到这个消息，黄克诚急忙找来副师长刘震、参谋长洪学智和政治部主任吴法宪等商讨对策，研究之后，一致认为，不能按原计划经过山海关，应避免与敌纠缠，绕过山海关，尽快向东北腹地进击。

11 月 8 日，黄克诚请示毛泽东，要求同意 3 师绕过山海关，向锦州挺进。但 11 月 12 日，东北局又来电让 3 师先不要向锦州前进，而向义院口、驻操营前进，并命黄克诚统一指挥新四军 3 师和梁兴初师，集结于抚宁地区，待机歼灭正向山海关西北的石门寨及抚宁进攻的国民党军队。

东北局的命令与黄克诚的想法发生冲突。11 月 14 日，黄克诚发电报给中央军委。电文称：集兵抚宁于我军不利，其理由有三：其一，新四军 3 师与梁兴初师全部集结于抚宁地区至少还得 6 天，更何况我部长途行军，极度疲劳。即使是按时赶到，也毫无取胜把握；其二，这一仗打与不打，与进军东北全局关系不大；其三，中央前已电令我部迅速向锦州集中。

黄克诚电报发出的当天，就收到毛泽东以中央军委名义发来的电报，电报明确指示新四军第 3 师与山东梁兴初师分路平行前进，限 24 日到达锦州地区进行休整。第二天，毛泽东又电示东北局："我黄、梁两部 4.2 万，远道新到，官兵疲劳，地形不熟，目前开至义院口、驻操营，必无好仗可打；即使歼敌一部，不过战术胜利，而兵力暴露，不得休整，势将处于被动。应令黄、梁两师从冷口、界岭口分路隐蔽开至锦西、兴城山角地区，处于内线，休整部队，恢复体力，补充枪弹，熟悉地理民情，创造战场，演习夜战，准备决战。"

按照中央军委和毛泽东的命令，黄克诚率部从玉田出发，经冷口出关，于 11 月 25 日到达锦西地区的江

家屯。至此，新四军第 3 师，历时两月，跨越苏、鲁、冀、热几省，行程数千里，终于徒步进入了东北，完成了中央既定的战略目标。

黄克诚部在苏北启程时，约有 3.5 万余人，途中因伤病、牺牲等原因减员 3000 余人，实际上到达东北的约有 3.2 万余人。这支部队以后发展成东北野战军中屡建奇功的第 39 军、第 43 军和第 44 军。而黄克诚本人的军事才能也在这次进军东北的过程中得到了毛泽东的认同和赏识。

坚决主张建立东北根据地

1945年，在凛冽的寒风中，林彪对自己的将士讲了这样的话："今天，我们在东北还没有根据地，还没有家……如果我们没有家，没有房子，就好比流浪者，漂来漂去的二流子，遇到狂风暴雨就会无家可归，无房子可住，就会被狂风吹掉，被暴雨淋死，遇到严寒冬天就会冻死饿死……死无葬身之地。"林彪的话道出了刚进东北时我军的艰难处境和建立根据地的极端重要性，而在东北尽快建立根据地的建议最早是由黄克诚提出来的。

1945年的冬天，黄克诚的部队到达江家屯没多久，就得到敌军攻占锦州的消息。东北局急电黄克诚率部切断铁路交通，阻止敌人进入沈阳，黄克诚再次提出了自己不同的看法。

黄克诚在发给中央军委的电报中称：3师出发到东

北已一月，仅领到满洲伪币200万元，仅够伙食16天用，一切经费均停发，对人民强迫使用500元、100元之大边币，造成物价飞涨，商店关门，粮食除一部分吃日本存粮外，其余到一处吃一处，吃空烧尽，有如蝗虫，人民怨声载道，这是不得不采取的下策。

黄克诚在后来的《自述》中写道：“我们刚进入东北时，群众对我们还不大了解。国民党特务向东北人民造谣说：‘八路军是专门扒铁路的军队，比土匪还坏。’老百姓不明真相，我军一到，他们就纷纷躲藏了起来，来不及躲藏的人也是紧闭房门，怎么敲也不开门。部队宿营时想向老百姓借点柴草用，根本借不到。”

当时部队到东北后遇到的困难不仅仅是没有粮食吃，其实吃住行都有困难。东北地区尽管军用物资很多，但苏联占领东北后与国民党政府签有条约，不准我军接收苏军缴获的日伪军事物资，战士们没有棉鞋棉帽，棉衣也只有薄薄的一套，而东北的温度已降到零下几十度，可见当时的困难有多大。

黄克诚晚年回忆当时的困难情形时说：“我们部队多系南方人，对东北这冰天雪地从来没有见过，因而吃了很多苦头。开始乘坐火车时，不小心用手扶一下车门，手上的皮马上就会掉一层。有的战士脚被冻僵了，以为用热水烫烫可以缓解，结果脚趾却被烫掉了，至于指战员挨饿受冻更是常事。”

部队到阜新后，黄克诚搞到了一些白布和棉花，给各单位分了一些，让做大衣和帽子。大家把白布一染，剪成三角形，铺上棉花缝好，两个角往下巴上一系，“帽子”成了，戴着帽子左右一看，农村媳妇似的。

11月26日，黄克诚再次给毛泽东发去了一封电报。他在电报中除报告了部队所到达的位置外，着重报告了部队遇到了极为困难的情况。即有名的“七无”说法：“无党（组织）、无群众（支持）、无政权、无粮食、无经费、无医药、无衣服鞋袜等。”黄克诚也谈到了部队士气受到极大影响，据说也发生了士兵逃跑现象。黄克诚在上述电报中还指出了另一个重要情况：山海关以西地区土匪极多，少数人难以通行，战场极坏。

黄克诚清楚地知道，在东北站稳脚跟比任何其他问题都来得紧迫，同苏北的根据地一样，东北也需要我们自己的根据地。因此，他在电报中写道：“我建议我军暂不作战，进行短期休整，恢复体力，并以一部主力去占领中小城市，建立乡村根据地，作长期斗争之准备。”

黄克诚到东北不久第一个提出了“建立乡村根据

地”的问题。历史证明，这一问题的提出和他不久前建议进军东北一样，都是对中国革命的历史进程起了巨大作用的。

第三天，黄克诚再次打电报给中央，第二次建议建立根据地。他在电报中称：东北敌特工、土匪甚多，如不及早着手建立根据地，我主力在东北亦很难应付。

在这封电报中，黄克诚对于在东北建立根据地的重要性进行了进一步阐释。11 月 29 日毛泽东给黄克诚回了电，毛泽东在电报中说道：你可以直接向东北局请示和提出建议。

同一天，中央军委也很快给黄克诚回电了，中央军委的电报中说：关于你部编制、干部配备与活动地区和作战意见等，你均可与林彪坦白商谈，并由你与林向中央提出意见解决。

中央军委的态度与毛泽东的态度是一致的，于是黄克诚立即给林彪发去了一封电报。该电已不再是仅仅泛泛地提建立根据地的重要性问题，而是具体写了应该如何和怎样建立根据地的问题了。

但是，电报发出后，林彪并未立即回电。此后，黄克诚又连续发去两次电报，均无回音，等待中的黄克诚便只有去执行东北局原来给新四军的作战命令。有一天，心情不畅的黄克诚带着副师长洪学智看完阵地回到驻地，有人告诉他：李天佑来了。

李天佑是黄克诚的老朋友，1936 年毛泽东和彭德怀率部东征后，李天佑曾任 4 师师长，4 师政委便是黄克诚，有了这一层关系，两人见面自然亲切异常。

李天佑是林彪派来与黄克诚联系的。李告诉黄，中央已决定由林彪组织东北人民自治军总司令部，统一指挥我军进入东北的部队，并告诉黄克诚，林彪的驻地离他这里只有十多公里。黄克诚当即要求去见林彪，面述目前我军的处境和建立根据地的重要性，他对李天佑道：“走，带我去见林彪。”

李天佑带着黄克诚走进林彪作战室，略作寒暄，黄克诚便直接陈述：我们是疲惫之师，且无根据地作依托，而敌人是乘坐轮船来的精锐之师。策疲乏之兵，挡新羁之马，是不可取的。当前最重要的是建立后方，站稳脚跟，逐渐发展壮大自己，以期将来同国民党军队进行决战。

林彪边听边点头，他采纳了黄克诚的建议，命令新四军 3 师部队转移到义县、阜新一带，发动群众，进行休整。黄克诚的师部同林彪的司令部靠拢，驻到义县乡下。

黄克诚关于到广大中小城市和农村建立根据地的一系列建议，得到中央和东北局的赞许和采纳。12月22日，中央在致黄克诚的电报中说：“关于建立根据地，你是有经验的。”

12月28日，毛泽东给东北局发来了《建立巩固的东北根据地》的著名电报，明确提出要把东北工作重心放在距离国民党占领中心较远的城市和广大乡村，以便发动群众，建立巩固的根据地，逐步积蓄力量，准备将来反攻。“如果我们不从发动群众、替群众解决问题，一切依靠群众这一点出发，并动员一切力量从事细心的群众工作，在一年之内，特别是在最近几个月的紧急时机内，打下初步的可靠的基础，那么，我们在东北就将陷于孤立，不能建立巩固根据地，不能战胜国民党的进攻，而有遭遇极大困难甚至失败的可能。”

毛泽东和中共中央要求进入东北的党组织和军队，在东满、西满、北满建立巩固的军事政治的根据地，东北我党和军队便投入到建立巩固的东北根据地的战斗中去了。

负责后方战勤支前

1948年4月，毛泽东的案头放着一份中共中央东北局的电报：

冀热辽是今后作战要地，既需要做好群众工作，负责繁重的补给和战勤任务，又要指挥地方兵团作战。因此，我们一再考虑结果，认为派黄克诚到冀热辽任书记兼政委比较合适。

毛泽东看完电报后，递给周恩来，并说道：“我看这个人选对了，黄克诚是个合适人选。初到东北，他‘上书’反映部队处于‘七无’境地，后来建设根据地，他是有一套的，我看行！”这样，黄克诚便奉命来到热河，任冀热辽分局书记兼政委，负责后方战勤支前工作。

后勤是战争取得胜利的重要保证。在战争年代，各级政府的工作多半是在做军队的后勤工作，黄克诚专门

从事军事后勤工作是从东北开始的。

战争初期，东北是个新区，群众未发动、政权未建立，部队都是轻装来的，有的甚至没棉衣。当时，部队给养是筹一顿、吃一顿，伤兵没人抬，也没地方治，几乎无后勤可言，部队上下痛感后勤保障工作成了制约部队战斗力的一个重要环节。

针对这种情况，东北局、东北民主联军决定成立东北民主联军总后勤部，下辖供给部、卫生部、兵站部、铁路管理局、东北银行总行等机构。后来随着东北野战军从守势转为攻势，开始打运动战、攻坚战的大兵团作战时，现代化的后勤工作已成为必须要解决的当务之急。中央军委指示东北局，扩充原东北民主联军总后勤部为后勤司令部，任命黄克诚为司令员兼政委，统管我军东北后勤工作。黄克诚迅速结束西满分局和西满分区工作，赶赴哈尔滨东北民主联军总部主持后勤司令部工作。

为了使后勤工作跟上战争的需要，以原后勤兵站及西满军区、辽东军区后勤为基础，分别组成东、西两线后勤司令部，并在北满、南满广大地区部署了兵站线，担任由北满到南满作战部队的运输和补充工作。同时，地方党政机关也派负责干部组成人民支前委员会。这就形成两条绵长的兵站线，更广泛地发动了群众，获得了广大人民对我军的支援。随后，又征集了地方和历次缴获的车辆、马匹，各纵队相继建立运输营，形成了一个强大的和有机联系的运输队伍，解决了长期存在的部队运输力不足的问题。

1948 年 4 月，全军后勤工作会议召开。这次会议是在东北局、东北军区直接领导下召开的，罗荣桓到会并作了讲话，他把后勤工作提高到了战略高度，黄克诚作了工作报告和总结报告。这次会议，在东北军区和全军后勤建设史上，都具有深远的影响。

会议提出了当时后勤工作中心任务，要求建立统一正规的后勤工作体系，提高后勤工作在战争中的地位和作用。在现有物质基础上保证前线最好的物质需要，保证部队健康，保证伤病员救护、医疗和归队，密切支援和配合各军作战，争取东北战争的全部胜利。

在黄克诚的努力下，我东北军区后勤工作逐步走上了正规化的道路，为保证辽沈战役的后勤需要，起了关键性的作用。

1948 年 9 月 12 日，辽沈战役打响，历时 52 天，歼敌 47 万余人。前方在打仗，后方支前忙，黄克诚负责冀热辽战区“繁重的补给基地与战勤任务”。他在热河积极组织民工，筹集粮秣，保证前方。

英雄的塔山阻击战，在许多年后，人们只记得冲锋陷阵的勇士的名字，殊不知阵地上的饭和水、战士手中的枪和弹、战壕里的铁丝和木材，都来自于黄克诚的精心组织和全力保障。

我军阻击任务完成撤离塔山后，国民党第62军军长林伟俦看到阵地上堡垒星罗棋布、交通壕纵横贯通，以及即使无人防守也难以通过的鹿砦、木桩、铁丝网等时，不无感叹："仅在十多天的时间里，能找这么多木材、构筑如此完整的阵地，真是奇迹！"

从市委书记到省委书记

1948年11月初，辽沈战役结束。东北野战军南下入关，进行平津战役，黄克诚被任命为天津市军事管制委员会主任，随大军入关准备接管天津。

1949年1月3日，天津攻城司令刘亚楼指挥34万东北野战军开始扫清外围敌据点的战斗，11天后对天津城垣发起总攻。国民党天津警备司令陈长捷，率13万军队负隅顽抗，拒绝向解放军投降，为了加强天津防务，陈大肆宣扬“大天津堡垒化”，曾驱使10万民工环天津市区挖了一条护城河，在护城河内侧筑土墙，土墙上设电网，隔二三十米设一座堡垒，自以为固若金汤。

然而，至15日下午3时，战斗才进行了29个小时天津便被攻破，陈长捷被活捉。

天津虽然被攻克了，但百业凋敝。黄克诚找到时任天津市市长的黄敬，他让黄敬找来工厂业主，逐个做工

作。黄克诚对这些人明确表示，共产党会发动工人支持复工，尽快恢复生产，并可以提供必要的帮助。这无疑给资本家们吃了一颗定心丸，生产很快恢复起来，商店也开始营业了，接管工作十分顺利。

天津解放前，有两家报纸十分有名，一家叫《大公报》，另一家叫《益世报》，都是日报。《大公报》创刊以来，由于经营得法，影响渐大。到了 1949 年该报早已是全国有极大影响的报纸了，尤其在上层知识分子中影响为最大。不仅在天津出版，还在上海、汉口、重庆、香港等地出版。黄克诚怕报纸惹麻烦，没有过多考虑，就下令让这两种报纸都停办了。中央得悉此事后，对黄克诚的这种简单作法提出了批评。这样，《大公报》停了没几日又开办了。从此黄克诚便多了一份天天必干的工作：白天忙全市的工作，晚上还要半夜爬起来看报纸大样。

黄克诚等人接管天津不久，刘少奇曾来天津做过两场报告。一次是在党的干部会上讲的，再一次是召集资本家开会时讲的。在党的干部会议上刘少奇讲到对待资本家的态度时讲道，对资方不要讲斗争，要团结资方，搞好生产。刘少奇还当着众多资本家的面特别强调，当前一个时期还要发展资本主义生产力。他鼓励资本家不要有什么顾虑，尽管放心大胆去干，一个厂可以发展成几个厂，对国家贡献更大些。

对于刘少奇的这两个讲话，黄克诚有不同的看法。他认为目前的情况是要团结资本家，但是，不能一味地只讲团结，也要讲斗争，应该是又团结又斗争，在斗争中求团结。

1949 年 4 月，人民解放军渡过长江，攻占南京，国民党政府的统治宣告结束。此后，人民解放军继续挥师南下，向西南、中南、华南进军。8 月，湖南解放，湖南是南下歼灭白崇禧集团的必经之地，支援大军南下作战的任务十分艰巨，必须有一个能担当大任的人来主持大局。黄克诚再次挑起了这个担子。早在 5 月时，黄克诚便接到中央任命，担任中共湖南省委书记兼湖南省军区司令员、政委。10 月，黄克诚在参加完开国大典后便动身南下，走马上任。

10 月 20 日左右，黄克诚到了长沙。在滚滚而去的湘江边上，黄克诚面对满目疮痍，百业待兴的湖南，陷入了深思之中。晚年时，黄克诚对当时自己的真实想法作了记录：

“中共七届二中全会指出：党执政后，工作重心要转移到城市，这当然是完全正确的。但从湖南的具体情

况来看，我认为在开头一段时期内，工作重点还应放在农村，因为有下列情况必须考虑：

第一，湖南刚解放，全省人口中近百分之九十在农村，城市人口比例很少。

第二，我方上百万大军要经过湖南去解放华南的广东、广西和大西南四川、云南、贵州。湖南必须发动广大农民群众、大力支援前线，解决大军的粮食供应、运输和人力补充等问题。

第三，湖南山区土匪多，湘西是历史上著名的从来没有被肃清过的匪区，还有国民党残余势力与土匪合流勾结。我们必须进行清匪反霸斗争，必须依靠农民支持。

第四，要发动农民，就必须做好减租、退押和土地改革工作，这需要花大力量才能完成。农村搞不好，农民积极性起不来，清匪、支前工作都会发生困难。

这些任务都是紧迫的，繁重的，所以我认为进入湖南后，开始一个阶段还应把领导重心放在农村。我在东北时，就发现一些干部有留恋城市倾向，不愿到农村做艰苦工作。省委必须明确方针，才好统一干部认识、思想，以利于工作。”

当时，黄克诚坚持在一定时期内还得把工作重点放

▲ 1949 年 9 月 12 日，黄克诚（右）在中国人民政治协商会议第一届全体会议开幕式上

在农村，得到了中南局书记林彪的支持。林彪率军路过湖南时听了黄克诚的汇报后，随即发指示电给中南各省说：中南各省当前工作重点还应放在农村。有了林彪的支持，黄克诚便放手抓开了农村这个湖南工作的重点。

此时，湖南全境已经解放，省党政军机构已建立起来。但是，刚刚解放两个多月的湖南，仍面临着国民党反动统治遗留下来的许多问题，社会情况极为复杂，城乡基层政权尚未完全建立起来，已建立起来的政权还极不巩固。为巩固新生政权，开创三湘新局面，黄克诚于 1950 年 1 月主持召开了中共湖南省第一次代表大会。他在会上作了《湖南的基本情况与我们 1950 年的任务的报告》。他提出，湖南省党的总任务是巩固人民的新湖南，巩固湖南的人民民主专政。湖南省委目前的三大任务是：肃清反革命的残余匪特武装；进行反封建的社会改革，准备土改；开展生产节约救灾备荒。他还深刻论述了三大任务的相互关系。经过代表讨论，一致通过了他的报告。黄克诚在大会总结中强调，要放手发动和依靠农民群众；要在反霸、减租、退押、减息、清理公产、处理斗争果实、清查地方武装和对待地主富农工商业等问题上，正确地贯彻执行党的政策。他还就加强党的领导、做好城市工作、组织领导生产、改进干部思想作风和工作方法等问题，提出了明确而具体的要求。会后，在湖南全省，剿匪和肃反运动大张旗鼓地展开，民主改革深入进行，生产节约运动也轰轰烈烈地开展起来。

历史上湖南地区匪患严重。至湖南解放前夕，境内的土匪、包括部分负隅顽抗的国民党地方武装共18万余人。湖南解放后，中共湖南省委和湖南军区组织部队进剿，至1950年初，歼灭土匪7万多人。但初期处理过于宽大，军事打击不力，土匪活动依然猖獗，肆意破坏新生政权。为彻底剿除匪患，黄克诚召集湖南军区领导人，对剿匪任务作了新的部署。1950年3月6日，中共湖南省委向所属地、县发出指示，要求坚决贯彻中共中央和中央军委关于剿匪的方针，克服无原则的宽大思想，对今后捕获的继续进行抢劫的惯匪及匪首，罪大恶极为群众所痛恨者，经地委专署批准后，一律由县政府就地处决。4 月上旬，湖南军区召开剿匪工作会议，决定收缩战线，军区领导人分区直接指挥，集中兵力对匪情严重的湘西的中心区、常德的太浮山区、邵阳武岗和新化、隆回之间的龙山、板子山地区实行重点清剿。同时，对面上一般地区的股匪、散匪展开清剿、搜剿。7 月 10 日，中共湖南省委和湖南军区联合发出《全面展开剿匪政治攻势指示》。经过强大的军事进剿、会剿和政治攻势，西部、南部等边缘区的土匪遭到歼灭性打击，一批长期盘踞一方的匪首被活捉或击毙，一般匪众或向政府自首、缴械或暂时隐蔽起来。

9 月，朝鲜战场上以美国为首的“联合国军”和南朝鲜军向北推进，国内各种反革命分子以为时机已到，肆无忌惮地活动起来。他们四处散布“国民党要反攻大陆”，“第三次世界大战即将爆发”等谣言，蛊惑人心，煽动颠覆新生的人民政权；有些被没收土地财产的地主也蠢蠢欲动，进行反攻倒算。黄克诚认为，必须对罪大恶极的反革命分子坚决予以镇压。他召集湖南省委领导

人研究或个别征求意见时，有的干部习惯于宽大政策，顾虑较多。正在黄克诚做说服工作时，中共中央于10月10日发出了《关于镇压反革命活动的指示》，要求对一切继续进行反革命活动的分子，予以严厉制裁，坚决纠正“宽大无边”的偏向，全面贯彻“镇压与宽大相结合”的政策。黄克诚立即主持召开中共湖南省委扩大会，传达贯彻中共中央指示。会后，他还亲赴匪患最严重的湘西指导镇反工作。湘西军区根据中共中央及黄克诚的指示，11月底至12月下旬，集中镇压了一大批罪大恶极的匪首恶霸和国民党特务，社会秩序迅速安定，广大群众拍手称快，成千上万的人送儿送夫参加人民解放军。1951年1月17日，毛泽东将湘西镇反的报告批转各中央局负责人参考，并指出：“对于真正的匪首恶霸及坚决的特务分子，必须在人民群众拥护的基础之上，坚决地处以死刑。特别是那些土匪猖獗，恶霸甚多，特务集中的地方要大杀几批。”还提出了打得稳、打得准、打得狠的要求。根据中共中央指示，中共湖南省委于2月中旬召开扩大会议分析形势，确定3月份再集中镇压一批罪行严重的匪首、惯匪和其他反革命分子。

在继续进行镇反不久，黄克诚很快发现，有的地方存在逮捕范围扩大，处理方式简单的问题。他认为应立即刹住。3 月 23 日，他发电报给中共中央中南局第二书记邓子恢并报毛泽东，电报说：湖南全省执行中央镇反指示以来，已坚决镇压了一大批各种反革命分子，打落了敌人的气焰，鼓舞了群众斗志，清醒了干部头脑，今后主要是对付隐藏的反革命，建议收缩，停止大捕杀，转入正常工作，对捕杀范围加以限制，更有计划有步骤地进行斗争。黄克诚的建议引起毛泽东的重视。3 月 30 日，毛泽东复电黄克诚并通报各中央局主要负责人：“我认为黄克诚同志 3 月 23 日的意见是正确的。镇压反革命无论何时都应当是准确的精细的有计划的有步骤的，并且完全应由上面控制。”“凡各地有如黄克诚所说‘逮捕范围扩大、处理方式简单’的情况者，应立即加以收缩，进行检讨，并作出结论。畏缩不前尚未开展者，则应当推动其开展”。毛泽东还指示将这个批语和黄克诚给中央的电报转发各省市。中共湖南省委随即召开扩大会议，进行总结。黄克诚在会上要求各级党委和公安部门清理积案，落实中央镇压与宽大相结合的政策。湖南的镇反运动从积极推动到及时刹车，时间很短，成效很大，镇压了反革命，安定了社会秩序，政令畅行无阻，人民安居乐业，深受湖南人民拥护。

1949 年，湖南遭受水灾，120 万亩粮田颗粒未收，约 250 万人吃饭困难。黄克诚一到湖南就遇到了粮食问题。支前、救灾，处处需要粮食，而不法私商乘机垄断粮食，囤积居奇。使得粮价飞涨，市场混乱，人心不稳。为迅速稳定粮价，黄克诚组织省委和省政府研究提出了两项措施。第一，由省政府发出文告，规定：湖南全省任何地方，凡采购粮食者，必须持有政府所发的许可证，否则就是违法私购。违者处罚，以至没收，以堵住不法商人的粮源。第二，控制粮食加工业。一切粮食加工厂、米厂，只准给政府和政府控制的粮食加工，否则作违法私购论处。1950 年初，上述措施报经中共中央批准后立即实施，粮食被私商操纵、囤积的状况迅速改变。春季，政府又从先期征收掌握的粮食中拨出一部分，在长沙等大中城市和重灾区组织了社会救济。湖南没有发生大的饥荒，稳定了民心，促进了民主改革的进行和经济的恢复。

为从根本上避免灾荒、解决全省人民的生活问题，黄克诚把深入进行农村民主改革、组织广大农民发展生产作为各项工作的中心。在领导土地改革中，黄克诚始终围绕有利于解放农村生产力、发展农业生产这条根本原则，及时发现并纠正“右”的和“左”的错误，正确地执行中共中央关于土地改革的政策，地主被分化，广大贫雇农分得了土地，中农和富农利益得到保护，广大农民生产积极性得到提高。黄克诚还要求各级党组织和政府，必须在土改过程中领导农民浚河、修堤、修塘、修圳、保护森林、保护耕牛、修置水车、选择种子、消灭虫卵，把土改与生产紧密结合起来，不能因土改使农业生产有丝毫受损。他还提出了保护农民分得的土地财产不受侵犯；保护中农、富农利益不受侵犯；严厉制止地主破坏，强制地主二流子劳动；允许缺乏劳动力的鳏、寡、孤、独、教员、自由职业者出租土地；雇工自由；借贷自由等十项政策。由于政策对头，全省农民的生产积极性大大提高，1951 年农业取得丰收，粮食总产量达 1.66 亿担，比上年增加 1500 万担，每亩单产由 320 斤增加到 346 斤。

湖南的工业本来就不太发达，加之国民党掠夺和连年战争，到解放时许多工厂和矿山关闭、停产，工人失业。当时，除少数大工厂和矿山收归国有外，大多数为资本家所掌握，剥削、压迫的现象依然存在；工人成分不纯，即使在国营工厂工人中，也混进不少封建把头、反革命分子。有的借工人当家做主煽动停工，劳资纠纷较多。黄克诚提出，恢复和发展工业生产，必须提

高工人阶级的领导地位，发挥工人阶级在生产中的主导作用。中共湖南省委决定于1949年12月初召开全省职工代表大会。会前，黄克诚找省工会负责人谈话，要求工会要组织和教育工人搞好生产，把维护工人利益和维护国家利益一致起来。会议开幕后，他到会讲话，号召工人积极恢复发展生产，改善生活条件。他还提出，工会的任务主要是组织工人搞好生产，关心和解决工人的福利。

工矿生产恢复以后，黄克诚开始着手组织进行工矿企业和城市的民主改革，研究扩建和新建工矿企业。在全面开展民主改革前，中共湖南省委派出20多人的工作队，到杨梅山煤矿和裕湘纱厂开展工矿民主改革试点。试点工作由黄克诚直接领导，他在工作队临行前就如何开展工作作了指示，并要求随时向他汇报情况。对试点工作中出现的乱批乱斗现象，及时纠正，并总结试点经验。

为掌握第一手情况，1950年5月，黄克诚到有世界锑都之称的锡矿山进行了5天的考察。考察期间，黄克诚亲自到井下的作业面，同工人促膝交谈。他发现井下作业条件差，环境危险，当即指示矿的负责人，挤出资金，改善生产条件，切实保证工人生命安全。他不吃小灶，到工人食堂同工人一起排队买饭，了解工人生活情况，要求矿上的食堂要面向工人，做好大众菜。黄克诚还指示，对留用技术人员要团结改造，充分发挥他们的作用。在深入调查研究的基础上，黄克诚主持制定了工矿企业及城市民主改革的具体方针政策，然后逐步铺开，用一年多的时间顺利完成了工矿企业的民主改革。

主管总后勤部

1952年8月，黄克诚离开湖南赴京任职。10月份接任中国人民解放军第三副总参谋长和总后勤部长兼政委，主持总后勤部工作。

新中国建立之后，后勤工作已同东北时期的后勤格局大不相同了。中央和军委认为，必须加强全军后勤的现代化建设，此时，毛泽东再次点将黄克诚。

黄克诚对于搞后勤工作可谓驾轻就熟，加上当时总后的一些领导，多与黄克诚共过事，大家彼此都很了解，所以，他一上任便说："我一向认为，领导任何工作，都必须掌握主动，绝不能被工作推着走，搞成被动应付的局面。无论事情怎么杂乱、困难，我们都要把局面迅速打开！"

黄克诚深入部队进行调查，然后召集总后的各级领导开会，会上，黄克诚指出人才是发展后勤工作的关键所在。他说道："过去有人搞军事，也有人搞政治，可都不愿搞后方和后勤；还有过去受传统影响，把筹款筹粮简单化了，把后勤不当学问；还有，过去老弱病残搞后勤，现在老的更老，弱的更弱，再不培养人，怕后勤就青黄不接了。"

黄克诚给总参打了一份办后勤学院的报告，送到了总参，经粟裕批准，再上报毛泽东，毛泽东阅后，当即批准。并将原件中一句"后勤工作日益重要"改成了"极其重要"，并责成王尚荣亲自办理。

黄克诚到总后时，朝鲜战争已接近尾声，但朝鲜战场上现代化战争给共和国带来的思考才刚刚开始。朝鲜战场上的战伤、冻伤、烧伤和核武器、生物武器及化学武器的防护问题，让这位三军总后勤部长寝食难安。未来战争非常规武器把战争拉到了一个特殊领域，这给军事后勤工作带来了新课题。

黄克诚请贺诚来考虑现代化战争的后勤医学防护问题。贺诚当时任总后勤部卫生部长，在东北，贺诚与黄克诚共过事，这位北伐军的军医处长曾在苏联留学，学过现代医学。

黄克诚对贺诚说："未来的仗，恐怕再不是现在这个打法，美国人用核老虎吓我们，还动用了生物和化学

武器。这方面，我们过去没研究，将来一旦打核战争、生物战和化学战怎么办？怎么防护、怎么治疗、怎么检测，等等，要研究，要拿出一个对策来。”

贺诚很支持黄克诚的想法，他说：“上海有军事医学院，办的时候起点比较高，主要是研究战争中的医学问题，集中了一大批科学家，这几年，缺乏对应用性研究的领导，但搞现代战争的医学研究潜力很大。”

“放在上海不行，搬到北京来！”黄克诚很坚决，一纸命令，军事医学科学院由上海搬到北京西郊附近。贺诚亲自挂帅，核防护研究所、生物武器防护研究所、防化医学研究所相继成立。此次研究所的建立，使我国军事医学的“三防”研究在相当长时间内保持与世界军事医学领域的发展同步。

在许多复杂的关系中，当时最难的就是修建营房的问题。大规模战争结束时，数以百万计的军队借住了许多民房和地方办公用房，时间长了，群众有意见，军队也不方便。考虑到大规模战争已经结束，军队相对稳定了，黄克诚请示中央军委，决定军队营房固定化。

考虑到设计、审批复杂，黄克诚征求部队官兵意见，决定让部队自己动手，经费包干使用。包干的办法是按不同情况，规定营房每平方米造价，提倡自烧砖瓦，自出人工。造价包干后，超过不补，节余归己，这样办，问题就简单了。部队自力更生造营房的积极性得到了极大的提高，盖得又快又好又节省，军队住进营房，退还民房，军民皆大欢喜。

从1952年8月到1953年初，黄克诚在总后做了大量的实际工作。在这段日子，黄克诚看到部队在自己的努力下，已吃饱穿暖，武器装备大有提高，居住环境得到改善，心情好极了。

1952年12月左右，聂荣臻代总长找到黄克诚要他到总参上班："主席指示要我抓国防工业，下一步这一摊由粟总长来搞。人手少，总后你也理顺了，你这个副总长还是到总参来上班，帮助处理日常工作，毛主席也同意。"

"可我在总后刚铺开呵！"黄克诚说。"先可以兼管，洪学智回国了，慢慢交给他，总参这一大摊也要你来干啊。"聂荣臻这么一说，黄克诚不得不把主要精力放到军委、总参的日常工作中去了。

朝鲜战争结束后，毛泽东便委托彭德怀抓军队的全面工作。全国人大正式任命彭德怀为国务院副总理兼国防部长，粟裕任总参谋长，黄克诚任国防部副部长，仍兼副总长，负责军委和总参的日常工作。

不久，毛泽东召开军委会议，正式将军队工作交给彭德怀主持，彭成了军委常务副主席。重大问题由军委开会决定，报中央及毛泽东批准，黄克诚帮助彭德怀处理日常工作，成为彭德怀的主要助手。

毛泽东在军委扩大会议上曾有一段话："我四年未管军事，一切推给了彭德怀同志。讲责任，第一位是我，第二位是彭德怀，第三位是黄老，因为他是秘书长。"从毛泽东的这段话中，可见黄克诚当时的地位和作用。

地位高了，作用大了，但工作并不好搞。当时，处于共和国开创时期的军委和总参，工作千头万绪，要解决的问题很多。

各军区、各军兵种初建时期的领导人，都是身经百战的将军，魄力大，个性强，工作积极性非常高，都要在新的岗位上打开局面，这涉及人力、物力、财力在各部门的分配。这就需要由黄克诚出面解决，所以，黄克诚便成为协调各部门的重要协调人。

每次会议上，都争论不休，半天没有结论，黄克诚只好苦心劝导："你们都是老领导，我们要顾军队全局，只强调某个局部不行，平均主义分配也是不行的。大家都是高级将领，都懂战时不能平均使用兵力，必须从全局考虑，有主次、善配合才能打胜仗。现在建设也一样，要全面考虑，区别缓急，先抓重点、急需的工作。”

有一次，他说：“比如，海军要建设舰队，当然是合理要求，但费用大，时间长，不是我们目前力所能及的。应当把它作为长期任务来考虑。海军目前重点是海防，可以先抓急需，搞那些既能加强海防，又能建设较快，费用低的。空军是当务之急，我国因没有空防，抗美援朝时牺牲大些，建设空军比海军舰队费用要少些，而需要也急些，所以，我们应考虑重点建空军。”

“又比如……”黄克诚就这样一个一个地讲，一个接一个地比。也有个别高级干部坚持己见，甚至对负责这方面事务的干部吵闹并大骂。

“我们不要怕骂，当面骂就同他们讲道理，背后骂就只当不知道。”黄克诚有他的办法，“共产党员只要做的事对国家对党有利，就算任劳任怨，挨骂、受气都是光荣的，对工作要从党性原则出发，不要计较个人得失。”

黄克诚把个人得失放在一边，在这个重要而艰难的岗位上一干就是好几年。他建立了一套军事工业体系；受命研究裁军方案，精简机构，实行兵役制度改革，实

行义务兵役制；正式确定军队领导体制为党委领导下的分工负责制等，为人民军队的正规化、现代化建设，可谓是呕心沥血，任劳任怨。

抗美援朝期间，他提出“努力把后勤工作提高到指挥战斗，组织供应，保证战争胜利的新阶段”的指导思想。继之又提出“照顾国家全局，搞好军队工作；照顾军队全局，搞好后勤工作；照顾后勤工作全局，搞好各部门工作”的方针。有效地保障了抗美援朝和国防建设的后勤供应。1954 年出任中央军委秘书长、国防部副部长，同时兼任中共中央财经领导小组成员。

1955 年，黄克诚被授予大将军衔，荣获一级八一勋章、一级独立自由勋章、一级解放勋章。

身陷逆境

1959年7月17日，留在北京主持中央军委工作的黄克诚，奉命飞往庐山，参加在庐山举行的中共中央政治局扩大会议，此时会议已开始对彭德怀进行批判。黄克诚仍以共产党员忠诚坦白和光明磊落的胸怀，直言不讳地向中央提出纠正“大跃进”和“人民公社化”运动中的“左”倾错误的建议。

这次庐山会议给他带来了厄运，除被定为“右倾机会主义分子”和撤职罢官之外，头上又加上了一个“反党集团”的罪名。这是他始料不及的，而且对他不啻是最严重的一次打击。但他很快从内心痛苦中挣脱出来，将个人荣辱进退置之度外，写出了“少无雄心老何求，摘掉乌纱更自由”，“惟愿天公不作恶，五湖四海庆丰收”的诗句，表达了他忧国忧民的赤子之心。当人民群众缺粮断炊，甚至有被饿死的现象发生之后，黄克诚忧

心如焚。

“文化大革命”中，他被关押审查，身心遭到更严重的摧残，但始终保持铁骨铮铮的节操，对党、对共产主义事业抱着坚定信心，同林彪、江青反革命集团进行坚决斗争。

1976 年 10 月，江青反革命集团被粉碎，长达十年的“文化大革命”结束。1977 年 12 月，黄克诚被任命为中央军委顾问。1978 年 3 月，当选为第五届全国政协常务委员。由于长期的磨难，黄克诚身心健康受到很大伤害。身患多种疾病，视力也很弱。担任中央军委顾问后，军委要他先休息治病，未安排具体工作。但他对军队工作十分关心，每天都要让秘书给他读报、读文件，凡有军队领导来看望他、向他汇报工作时，他总是认真地听，关切地询问有关情况，毫无保留地阐述自己的意见和建议。即使被选为中央纪委书记以后，他仍关心着军队建设。他多次建议要加强军队思想政治工作；要严格干部任免权，重视建立和执行干部管理制度，要逐步实现干部年轻化，要关心和照顾好老干部。他还提出军队住房和一些供应制度要改革。

在 12 月召开的中共十一届三中全会上，黄克诚被增补为中央委员，当选为中共中央纪律检查委员会常务书记。当时面临的是大量拨乱反正的工作。平反冤假错案，审理林彪、江青两个反革命集团案件，清查“文革”中的“三种人”，党风党纪建设等，都要他参与领导。工作纷繁复杂，头绪甚多，涉及方方面面，关系到党和国家的安定团结，黄克诚深感责任重大。他不顾年迈体弱，全身心投入繁忙的工作。

十年动乱使党的优良传统和作风受到严重破坏，纪律松弛，个人主义、无政府主义等思想泛滥，一些干部还滋生了腐败现象。党内思想、作风、组织不纯的问题相当突出。黄克诚认为，中央纪律检查委员会重建以

▲ 1978 年黄克诚在解放军总医院

后，首要任务是抓紧整顿党风党纪，提高党员素质，恢复和发扬党的优良传统。

在中纪委第一书记陈云领导下，黄克诚同中纪委其他领导人一起，认真研究制定党的纪检工作的方针和整顿党风的措施。他认为，有些党员和干部思想衰退、变质，争权夺利，贪图享受，其根源是在他们的脑子里，共产主义思想让了位，封建主义和资本主义的东西复了辟。他尖锐地指出："当前党风不端正的要害，是利用职权谋取私利。端正党风，对大多数党员来说是教育，通过学习马列主义，提高思想觉悟。同时，对那些败坏党风的思想、行为、作风，如果通过教育而不悔改，就必须进行斗争。"在他的参与主持下，1979 年 1 月，中纪委召开首次全体会议，研究制定加强党的纪律教育和作风建设的具体措施。黄克诚在这次会议讲话中明确表示，"我赞成陈云同志的意见，纪律检查委员会要抓党风，要整顿党风，要从思想上、组织上、作风上转变党风。"根据会议精神，各级纪委抓紧处理了一批违纪案件。同年 11 月，由中纪委起草的《关于高级干部生活待遇的若干规定》，以中共中央、国务院名义联合发出。

黄克诚在同中纪委领导和机关干部的谈话中多次强

调，纪律检查委员会是为党做“保健护士的工作”，要时刻对党的健康负责，在端正党风过程中，要拿出大无畏的战斗精神，将个人利害置之度外，敢于处理棘手的问题，不能怕得罪人。他身体力行，同违反党风党纪的现象作斗争，尤其重视群众对高级领导干部的意见，即使涉及中央领导人，也要把问题弄清。粉碎“四人帮”以后的一段时间，中纪委先后收到一些来信，反映有的省在中央主要领导下去视察时提前半天就封锁了交通，禁止行人来往；有的将中央领导坐过的椅子、用过的茶杯收起来，留作纪念；有的省将中央主要领导在老家时住过的房子，改作纪念馆。黄克诚认为，这是新的个人崇拜现象，应予纠正。他还把这方面的情况及时转报中共中央主要领导，受到中共中央的重视。黄克诚还就正确宣传个人问题专门给中共中央写了报告，提出了建议。1980 年 6 月，中纪委发出通知，要求杜绝接待中的不正之风。同月，中纪委根据他的讲话提纲撰写了《无产阶级执政党的党员应具有的品德和风格》一文，提出“共产党员执政，就是要为人民服务，不是做官当老爷，不允许利用职权谋取私利”等 15 条具体要求。

黄克诚还积极支持群众和新闻媒体对党、政府和军队高级干部进行监督。一次，一位部长用公款请客的事被一家报纸曝光。黄克诚得知后，对舆论监督表示坚决支持。他多次指出：群众监督、新闻监督，是允许的，也是很需要的，他们批评党的领导干部违反规定，是对党的爱护。

“文化大革命’’结束以后，在总结经验、打破“两个凡是”的过程中，如何评价毛泽东、如何对待毛泽东思想，是中国共产党面临的一个带根本性的问题。以邓小平为核心的中国共产党第二代领导集体在组织起草《关于建国以来党的若干历史问题的决议》时，对此十分重视。起草开始时，邓小平就明确指出，这个决议的中心意思第一条应该是：“确立毛泽东同志的历史地位，坚持和发展毛泽东思想。这是最核心的一条。”在讨论《决议》初稿时，邓小平针对党内外一些人的反应，在一些会议上和谈话中多次阐述这一观点，并指出：在我们党和国家的历史上，“毛主席的功绩是第一位的，他的错误是第二位的”，没有毛主席就没有新中国，“他多次从危机中把党和国家挽救过来。没有毛主席，至少我们中国人民还要在黑暗中摸索更长时间。”“毛泽东思想这个旗帜丢不得。丢掉了这个旗帜，实际上就否定了我们党的光辉历史。”要实事求是地讲毛主席的错误。邓小平在一次谈话中还特别提到：我赞成胡耀邦的意见，决议稿写出后多听听老干部、政治家，包括黄克诚、李维汉等同志的意见。

黄克诚旗帜鲜明地支持邓小平的观点。但是，他从看到和听到的反映中感到，有些人对邓小平的讲话精神并未理解和接受，特别令黄克诚吃惊的是，少数在政治运动中受了冲击的高级干部居然也毫无顾忌地贬低毛泽东和毛泽东思想，其中有些人参加革命前家里很穷，是放下讨饭棍子、放牛鞭子参军的，追随毛泽东革命多年。黄克诚忧虑不安，他觉得，事关党的大局，有必要把自己的看法更明确地讲出来，使党员和干部都能正确地对待历史，正确地评价毛泽东和对待毛泽东思想。

11 月，中央纪委在北京召开第三次贯彻《关于党内政治生活的若干准则》座谈会。中纪委安排黄克诚到会讲话。27 日、28 日连续两个上午，已双目失明的黄克诚在京西宾馆礼堂作了他晚年工作生涯中最长的一次报告。他 27 日的讲话开门见山，一开始就切入主题。他说：今天主要讲讲关于对毛主席评价的态度问题，“对我们党和国家来说，这是一个根本问题”。黄克诚首先重申了邓小平关于对毛泽东如何评价所一再表示过的原则意见。接着，他针对前一段党内和社会上有人肆意诋毁毛泽东和毛泽东思想的错误倾向，以马克思主义的科

学态度，联系自己亲身经历的历史事实，分阶段详尽回忆了大革命失败以后中共在最危险、最关键的历史转折关头，毛泽东为中国共产党和中国人民所建立的不朽功勋。他从红军粉碎国民党军第一、二、三次“围剿”讲到被迫长征，从西安事变讲到抗日战争、解放战争，一直讲到新中国成立后的土地改革、三大改造、抗美援朝，充分肯定了毛泽东的伟大历史性贡献，对毛泽东和毛泽东思想作了科学评价，严肃地批评了一些人在这个重大原则问题上的轻薄态度和不负责任的行为。

黄克诚也明确而客观地讲了毛泽东晚年的错误。他指出：毛泽东所犯的错误是一个伟大革命家的错误，在纠正他所犯的错误、总结经验时，应抱着爱护尊敬的心情。在谈到错误的责任时，黄克诚说：“如果把建国以来我们党所曾犯的错误都算在毛主席身上，让他一个人承担责任，这样做不符合历史事实。”黄克诚说：“有一个同志问我，‘不让毛主席一个人承担错误的责任，你承担不承担？’……我认为，凡是我有发言权的时候，我没有发表意见反对错误的决定，那么事后我就不能推卸对错误的责任。比如反右派斗争是必要的，但是扩大化了，错整了很多人，就不能只由毛主席一个人负责。我那时是书记处成员之一，把有些人划为右派，讨论时未加仔细考虑就仓促通过了。自己做错的事情怎么能都推到毛主席身上呢？大跃进中，许多同志作风浮夸，把事实歪曲到惊人的程度，使错误发展到严重的地步，也是有责任的。在中央来说，只要是开中央全会举手通过决议的事情，如果错了，中央都应该来承担责任。当然，毛主席作为中央主席要负领导的责任。过去解放全中国、建设新中国，我们这些老共产党员都尽了一份责任，功劳大家有份。现在如果把错误都算到一个人身上，好像我们没有份，这是不公平的！”

黄克诚指出：毛主席逝世了，给我们留下了宝贵的财富，也留下了一些消极因素。他的消极因素是暂时起作用的东西，经过我们的工作是可以克服的。“但是他留下的最宝贵的财富即毛泽东思想，却长期指导我们的行动。现在有些人要丢掉毛泽东思想这面旗帜，甚至要把毛主席的正确思想、言论也拿来批判。我认为这样做是要把中国引向危险的道路，是要吃亏的，是会碰得头破血流的！”

黄克诚激昂慷慨、情真意切的讲话，使与会者受到极大震撼。讲话一结束，会场上立刻爆发出热烈的掌声，掌声持续了好几分钟。

这篇讲话先在内部传达，受到广泛好评。1981 年 4

月 10 日，又在《解放军报》第一版发表，随后其他各大报纸均予转载。讲话公开发表后，在全党全军引起强烈反响，报社和黄克诚本人都接到许多来信，表示赞赏和拥护。这篇讲话，对于深入理解邓小平对毛泽东和毛泽东思想的论述，统一全党的思想，起了重要作用。

黄克诚认为，对待历史问题、评价历史人物包括那些开始革命以后走向反面的人物，都要坚持历史唯物主义，坚持全面的科学的观点，防止片面性。一次，他在约见《中国大百科全书》军事卷中国人民解放军军事人物分支学科负责人的谈话中说，你们写人物志，“要用历史唯物主义的观点，用历史学者的态度，去评价历史人物”。“不要用过去党内斗争中开斗争会的那种过火的语言，揪出一个人就把他的历史功绩一笔勾销了”。

黄克诚还满腔热忱地参与领导平反“文化大革命”造成的冤假错案和甄别历史上遗留的案件。他经常亲自接待来访者，让秘书阅读干部和群众来信，对重要的案件，认真听取汇报，仔细询问情况，催促有关部门抓紧平反昭雪工作。他每听到某个错案得到纠正、政策得到落实，某个干部多年的沉冤已经平反昭雪，总是感到很欣慰。少数老干部由于长期蒙冤，虽然平了反，仍怨气难平，有的提出要把过去的历史问题摆出来争个是非曲直，有的对待遇不满意，有的要求工作。黄克诚总是耐心地开导他们。老干部都深知黄克诚长期蒙冤的历史和严格自律的作风，经他一谈，大都心平气和了。

黄克诚不仅积极参与像刘少奇、瞿秋白、潘汉年等大案的复查工作，而且对那些在政治运动中挨了整受了委屈的一般干部甚至普通工人的案件，也很关注。黄克诚在中纪委工作期间，先后有数名素不相识的普通职工给他写信，申诉在已往的政治运动中因说错话或因亲人有问题受到株连，长期遭受不公正待遇，希望帮助解决。黄克诚收信后，都交付秘书认真处理，使这些人的问题得以解决。

对林彪、江青两个反革命集团案件涉及的领导干部，黄克诚反复要求办案人员，要坚决贯彻中共中央的方针，严格掌握政策，区别对待，绝不能像林彪、“四人帮”那样，打击一大片。在中纪委审议上报准备起诉判刑人员名单时，黄克诚两次听取汇报，再三强调：要考虑“文化大革命”这个特殊历史背景，要考虑这些人的一贯表现和动机，打击面要控制到最低限度。他说，有些老将军，“三支两军”中犯了严重错误，不能全怪他们。根据他的意见，中纪委反复审核，严格把关，上报中央批准，使一批犯严重错误的老干部得到妥善

处理。

黄克诚直到晚年，始终保持着革命战争年代养成的优良作风，保持着一个人民公仆的形象。住的是一座五十多年前盖的房子，由于年久失修，房顶多处出现裂缝，下雨时要用脸盆接水，墙皮也大片剥落。管理部门曾提出拆掉改建，黄克诚嫌花钱太多，没有同意。他说，把漏雨的地方修补一下就行了。直到他去世，房子始终没有翻修。

1982 年 9 月，在中共第十二次全国代表大会上，黄克诚被选为中央纪委第二书记。他不顾 80 多岁高龄，忘我地工作，每天不是听汇报，就是审批文件、处理来信来访。

黄克诚体质本来就比较差，加之长期遭受迫害，晚年多种疾病缠身。工作人员曾数次劝他到外地疗养，冬季可到南方渡过。他说："我身体不好，出去还要带一些人照顾，花钱太多，太麻烦下边，还是不出去好。"他从山西回北京后直到去世，一次也没有去过外地。1983 年夏天，中央领导安排他到玉泉山疗养，起初他说什么也不去。他说："留给我的时间不多了，要抓紧为党多做点工作，哪有闲暇疗养？"后来工作人员告诉他，玉泉山这么近，环境又安静，你照样可以工作。黄克诚答应了，但又提出两条规定：一不要伙食补贴，二不要家属陪同。黄克诚住在玉泉山，一边疗养，一边工作，并严格地执行自立的规矩。这期间，黄克诚觉得自己的年龄和身体状况都不适应繁重的工作了，多次向中共中央提出，自己已力不从心，应尽快从领导岗位上退下来。1985 年 9 月，中共十二届四中全会批准了黄克诚的请求，不再担任中央委员和中纪委第二书记的职务。全会给黄克诚写了致敬信，高度评价他的历史功绩和崇高品德。

黄克诚病重卧床以后，仍然时时关心着党风建设和国家经济建设，关心改革开放的形势。他让秘书给他读文件，请看望他的人介绍情况，听到某些腐败现象时痛心疾首地说：“要严办，不能姑息！”

最后时光

1986 年深秋的一天，太阳透过玻璃窗，射进病房，照在黄克诚身上，像铺了一层柔和的金毯。这是黄克诚回到北京后的第 17 次住院，也是最后一次住院。他躺在病床上，借助呼吸机平稳地呼吸着，脸上浮现着安详的表情，不时有一丝笑容露在眉宇间。

“黄老今天气色很好，有什么特别高兴的事儿吗？”几个从黄克诚床头经过的医护人员交头接耳地议论着。

“今天是黄老 84 岁生日，下午是探视时间，全家都来祝贺。”

“就他家里人来？还有其他什么祝寿的活动吗？”不知谁这么问了一句。

“黄老过生日从来不告诉外人，知道他生日的人他也一律谢客。这些年他在病房里过的生日少说也有七八次，每次都是这样。”

医务人员对黄克诚的做法是钦佩的。他们都是高干病房的医生、护士，见过不少在病房里兴师动众、大张旗鼓祝寿的热闹非凡的场面，相比之下，黄克诚就显得太简单了。他过生日都是自己掏钱买生日蛋糕，由他切开（有时他病得难以动手就请护士或由老伴唐棣华切开）分给大家共享。记得有一次，单位特地在一家饭店安排好了“生日宴”，被他谢绝了。何必那么铺张浪费呢？脱离群众，使人民对我们敬而远之，生日过得再热闹，也是空虚的——他总是这么认为。

下午，探视时间到了。病区走廊里传来了轻微的脚步声，黄克诚的夫人、儿女及小孙子们提着两盒大蛋糕走来了。小孙子黄健一下子扑到爷爷的床头，抓住爷爷的手，对着爷爷的耳朵奶声奶气地喊：“爷爷，祝您生日快乐！”夫人和子女们也一一贴近黄老耳边祝愿：“我们看您来了，祝您快乐！”黄老戴着呼吸机不能说话，只是摸索着握住伸过来的手，脸上始终挂满微笑。

医务人员也过来向黄克诚祝贺，他同样一一握着他们的手。他握得很有劲，不能说话，所有的话语都在这紧紧的相握之中了。他握着每个人的手就可以辨别出他

熟悉的每个医生、护士。同志们接受着黄老的相握，脸上却挂着泪，难道他们有什么不祥的预感吗？

黄克诚做了个手势，唐棣华明白他的用意，她带着孩子们走出病房，在休息室切开了两盒蛋糕，一一分送给病房的医生、护士们，说：

“谢谢你们对黄老的精心治疗，你们辛苦了！”

黄克诚听着，脸上挂着微笑。不过，人们还是看出来了，他的眼眶里流出了泪水……

这就是黄克诚过的最后一个生日。

1986 年 12 月 28 日，黄克诚走完了他人生道路的最后一程，溘然长逝。

12 月 30 日，《人民日报》在第一版发布了讣告：

“中国共产党中央委员会、中央纪律检查委员会、中央军事委员会沉痛宣告：久经考验的忠诚的共产主义战士，党和军队卓越的领导人，杰出的无产阶级革命家、军事家，中央纪律检查委员会第二书记，中央军委顾问黄克诚，因病于 1986 年 12 月 28 日 11 时 15 分在北京逝世，终年 84 岁。黄克诚同志为中国人民革命事业奉献了自己的一生。他的逝世是我党我军的重大损失，黄克诚同志永垂不朽！”

1987 年 1 月 7 日，黄克诚的追悼会在北京举行。

邓小平、彭真、聂荣臻、乌兰夫等党和国家领导人和各界干部群众3000多人出席了追悼会并献了花圈。下午3时半，追悼会开始，全体人员在哀乐声中向黄克诚遗像默哀。接着，杨尚昆致悼词。

杨尚昆在悼词中高度赞扬了黄克诚在60余年革命生涯中历尽艰辛，屡经坎坷，鞠躬尽瘁，为中国人民的解放事业和社会主义建设事业建立的不朽功勋。他说：黄克诚同志具有坚强的无产阶级党性，坚持真理，刚正不阿。他在历史上多次因为坚持正确意见而受到错误的批判、打击，甚至被撤职、降级，但他始终保持刚直敢当、为人民无私无畏的高尚品德。他以马克思列宁主义者的宽阔胸怀，对党、对共产主义事业保持着坚定的信念。

杨尚昆说：黄克诚同志对党和人民无限忠诚，他一心想的是人民，是共产主义事业，从不计较个人恩怨得失。杨尚昆赞扬黄克诚在党的十一届三中全会以后呕心沥血为党的事业日夜操劳，为拨乱反正，平反冤假错案，审理林彪、江青反革命集团，重建和健全党的纪检工作，端正党风，做了大量卓有成效的工作，受到全党全军和全国人民的爱戴和尊敬。杨尚昆还赞扬黄克诚具有共产党人的优秀品德，在坚持党的优良传统方面堪称

共产党人的楷模。

杨尚昆致悼词后，全体人员向黄克诚遗像三鞠躬，这时会场上响起了雄壮的《国际歌》歌声……